I0759586

TOO MATCH

INMA BENEDITO

Too Match

PLAZA & JANÉS

Papel certificado por el Forest Stewardship Council®

Primera edición: mayo de 2025

Printed in Spain – Impreso en España

ISBN: 978-84-01-03758-0
Depósito legal: B-4579-2025

Compuesto en M. I. Maquetación, S. L.

Impreso en Liberdúplex, S. L.
Sant Llorenç d'Hortons (Barcelona)

L 0 3 7 5 8 0

A todas las personas que me han roto el corazón
y a las que me lo han sostenido, porque sin ellas
no habría sido posible

Prólogo

Según un conjunto de libros que podríamos considerar basados, con mayor o menor laxitud, en hechos reales, hace algo más de dos milenios un treintañero judío nacido en Belén murió clavado en una cruz, lo cual era bastante común para los delincuentes en su época —fue considerado como tal tras declararse hijo de Dios—, y al tercer día resucitó de entre los muertos, lo cual era bastante más infrecuente, entonces y ahora. Si expiró a la caída de la luz del Viernes Santo, tal y como conmemoran los cristianos cada Semana Santa, y volvió a la vida la mañana del Domingo de Resurrección, a mí siguen sin cuadrarme los tres días que transcurrieron entre el primer acontecimiento y aquel que sirvió para fundar la religión más mayoritaria del mundo. Pero demos el periodo de tiempo por bueno, en breve me explico. Y no te preocupes, que no me he equivocado. Sé que no estoy prologando la próxima publicación de Ediciones Paulinas, pero todo esto tiene un porqué.

La de Jesucristo, tanto si ocurrió como si no, es la resurrección más famosa de la historia de la humanidad. Pero permíteme que me quede con otra más minoritaria —cuál no lo es, a su lado—. Una que también ocurrió al tercer día y que se cuenta en un libro, para mí, sagrado. Se enuncia tal que así: «El primer día no me pareció divertido. El tercero tampoco lo encontré gracioso, pero logré hacer un chistecito». Estas dos líneas las escribió Nora Ephron en algún momento entre 1979 y 1983. Lo sé porque en 1979, mientras estaba embarazada de su segundo hijo, Ephron descubrió que su esposo, Carl Bernstein, la engañaba, y decidió divorciarse de él, marcharse de Washington y volver a su Nueva York natal, y en 1983 publicó *Se acabó el pastel*, una novela encabezada por la cita anterior y protagonizada por Rachel Samstat, una mujer, que, ejem, mientras está embarazada de su segundo hijo, descubre que su esposo la engaña y decide divorciarse de él, marcharse de Washington y volver a su Nueva York natal. Samstat, igual que Nora, sabía de la importancia de reírse de las desgraciadas propias. Que cuando logras hacer humor acerca de un revés de la vida, significa que has tomado la distancia suficiente como para adueñarte de tu relato y que a partir de ahí mandas tú. ¿Puedes equivocarte? Por supuesto. Pero desde ese momento cargas con tus propios errores, no con los de nadie más. No es casualidad que otro de los mantras de Ephron fuera «Ante todo, sé la heroína de tu propia vida, no la víctima».

De este y de otros muchos asuntos he hablado con Inma desde que la conozco. Incluso es probable que le soltara esta misma chapa que acabas de leer —proselitista que es una— antes de ponerle cara y desde luego mucho antes de que nos hiciéramos amigas. Porque desde que supe de la existencia de *Too match*, primero como newsletter anónima y ahora como libro con nombre y apellido, la manera de Inma de enfrentar sus vicisitudes desde el humor me remitió directamente a mis Sagradas Escrituras. No solo porque ambas partieran de un desengaño amoroso en carne propia, sino porque compartían la vocación de ir más allá, de resucitar a través de la comedia. Reírse de uno mismo no quiere decir necesariamente haberlo superado, no quiere decir estar bien, no quiere decir haber recobrado la cordura, si es que uno la perdió, o la estabilidad o la rutina o las certezas que uno tuviera antes de llevarse el palo. Sí quiere decir haber empezado a caminar. Ese camino que a Nora y a Rachel las condujo a Nueva York, a las recetas de cocina y a rememorar cada detalle de su matrimonio desde la óptica de la infidelidad, a Inma la llevó a las citas en cadena. Nadie dijo que quien se ríe de sí mismo haya encontrado la solución a nada salvo a la autocompasión. Por eso nos gusta leer a otros, dar bandazos por su vida, porque los lectores tampoco tenemos ninguna solución a nada, pero nos gusta que alguien nos abra el camino riéndose de sí mismo. El que abre Inma en *Too match* es divertido, emotivo y real. Inma no se ha inventado una Rachel; es ella, con sus preocupaciones, sus prejuicios, sus penas, sus alegrías y sus dilemas. Y puede que sean también un poco los tuyos.

PALOMA RANDO

Un principio

Mi ex eligió la mañana de Reyes para romper conmigo. Si no fuera porque aquello no tenía gracia, me habría reído. Tenía los ojos llenos de lágrimas, la nariz llena de mocos, la boca llena de nata y una corona de cartón en la cabeza. Terminé de masticar, cogí aire y me metí otro trozo de roscón a la boca. Comía como si no me gustara comer, para no quedarme ahí como una imbécil que solo sabe sorberse los mocos. Como si al arrastrar la cucharilla por el plato pudiera rebañar también la noticia y empujar con ella la pena hasta el fondo.

Ese día despertamos en su casa y ella insistió en bajar a por el desayuno: ¿Roscón o churros? Naturalmente dije que roscón, ¿qué otra cosa iba a ser un 6 de enero? Por eso cuando soltó la bomba yo no podía evitar mortificarme con la idea de que, aunque los churros no habrían impedido la tragedia, por lo menos no estaría siendo boicoteada por un bollo salpicado de trocitos de fruta fluorescente.

Romper una relación es como presentar los Goya: si lo haces bien, nadie le dará importancia, pero como la cagues te recordarán toda la vida. Lo mejor que te puede pasar es caer pronto en el olvido. En cuanto a lo peor... Bueno, puedes terminar apareciendo en un libro. Mi recomendación es que no intentes innovar. Procura simplemente que tu salida a escena no coincida con un festivo, cumpleaños o aniversario. Que no sea en un lugar especial para la otra persona. Elige un martes cualquiera, elige una mesa del VIPS en un centro comercial, pídete un sándwich club con una Coca-Cola y coge suficientes servilletas. Las servilletas del VIPS son perfectas para llorar. Suaves y absorbentes.

El papel higiénico de casa de mi ex también era suave y absorbente. Cuando cumples treinta empiezas a preocuparte por cosas como la calidad de todos los rollos que metes en casa. Café de especialidad, una lámina enmarcada de la tienda de regalos del CaixaForum, iluminación indirecta y velas del Zara Home con aroma a bergamota que solo enciendes en ocasiones especiales porque tendrás treinta años, pero la velita cuesta veinte pavos y tú sigues siendo mileurista. Pequeños detalles, en definitiva, que construyen el confort de cada día.

Tenía el papel higiénico junto al plato. La tele estaba encendida y yo lloraba mientras de fondo unes niñes cantaban villancicos en Telemadrid. Hay algo más triste que escuchar villancicos, y es que se conviertan en tu banda sonora de ruptura. *Con mi burrito sabanero voy camino de Belén*, cuando las lágrimas se acumulaban y me impedían ver el roscón, *con mi burrito sabanero voy camino de Belén*, tiraba del rollo, *si me ven*, cortaba un trozo, *si me ven*, me lo pasaba por la cara y, *voy camino de Belén*, seguía comiendo. Las niñas dicen que la vida está llena de instantes de poesía, solo hay que saber verlos, y desde luego en ese instante mi cara era un poema. Aun así, no me reí.

Las niñas son mis mejores amigas. Somos seis, pero nos queremos como si el amor fuera uno (como si el amor en verdad pudiera ser algo distinto de uno). Incondicional e indivisible. Un amor con el que una aprende a entender eso del misterio de la Santísima Trinidad.

Volví a casa a pie. Era un trecho y hacía frío, pero me calmaba sentir el aire helado en las mejillas. Eso, y que un par de días antes mi compi de piso me había dicho que se mudaba sola, lo que significaba por extensión que yo también, así que decidí aprovechar el camino de vuelta para ir mirando portales. ¿Que si estoy obsesionada con la productividad? Puede ser. Pero al menos podía llorar a gusto: no hay nada más natural en Madrid que ver a una joven desconsolada frente a un cartel de SE ALQUILA.

Mi compi de piso estaba duchándose cuando entré en casa. Sobre la mesa de la cocina había medio roscón, por si me había quedado con hambre. ¿Holaaa?, dijo, y la saludé al otro lado de la puerta. Me preguntó qué tal y respondí que bien (no me pareció el momento). Hablaba gritando por encima del ruido de la ducha. Preguntó de nuevo que qué tal, respondí más fuerte para que me escuchara y justo entonces cerró el grifo, así que supongo que pensó que realmente estaba muy bien.

No tuve el valor de contárselo, y eso que es una buena

amiga. No lo hice mientras cenábamos, ni al día siguiente, ni los que vinieron después. Mi compi se mudó y tardé meses en confesarle que mi exnovia me había dejado. Era más fácil fingir que todo estaba en orden: mi corazón, lo de vivir sola. Aquel piso compartido era el único lugar del mundo en el que me sentía a salvo de una realidad que de repente había dejado de gustarme.

Encendí el ordenador. Me tocaba guardia en el periódico y por una vez me alegré de currar en festivo. Era la excusa perfecta para atrincherarme en la habitación y mantener la cabeza distraída. Eso fue poco antes de que una masa enfurecida liderada por un pavo con gorro de búfalo, tatuajes de Thor y vibes de *Braveheart* irrumpiera en el Capitolio de Estados Unidos.

La primera señal fue a eso de las seis de la tarde. Ya había anochecido y tuve que molestar por teléfono a mi jefe: Oye, que en Washington hay un grupo de trumpistas yendo al Capitolio. Dale una columnita en la página 7, dijo. Hablaba con el tono relajado de quien disfruta de una apacible Epifanía del Señor en compañía de sus nietes y una copita de sidra El Gaitero. Una hora después llamé de nuevo porque la masa enfurecida había asaltado el Capitolio para, total, hacer lo mismo que hacen les turistas de lunes a sábado de ocho y media de la mañana a cuatro y media de la tarde: echarse selfis por los pasillos simulando que son congresistas. Ahí sí, mi jefe soltó un hum y le dimos la portada. He de reconocer que cuando pensé en mantenerme distraída no me refería precisamente a eso. Para colmo, aquella noche llegó Filomena y, como en casa no teníamos calefacción y mi cama daba a una ventana corredera de aluminio por la que se colaba el aire, empecé a dormir con gorrito. Aun así, no me reí.

Mi psicóloga tampoco se rio. Antes no tenía psicóloga. En realidad nunca había ido a una, pero me pareció un buen momento, por lo que sea. Antiguamente, las parejas solucionaban sus problemas teniendo hijes que daban otros problemas distintos y todas las familias felices se parecían (en que no iban a terapia). Como nosotras no podemos tener hijes, porque para eso haría falta una vivienda y un trabajo estable y bien remunerado, vamos a terapia para aprender a gestionar nuestra precariedad por el módico precio de sesenta euros la hora. Un chollo.

Empecé a ir a la misma psicóloga que las niñas. Supongo que la definición médica más precisa para mi estado emocional en ese momento habría sido: hecha un trapo. No tenía que ver con el roscón, ni siquiera con mi ex. Era una cuestión casi matemática, el lugar que ocupaba esta última ruptura en mi historial de relaciones amorosas. Como si naciéramos con la capacidad de soportar una serie limitada de chascos y, a partir de un número predeterminado, petáramos un cable con la infalible aleatoriedad de una ruleta rusa.

Hay que asumir que en una separación siempre hay cosas que se extravían. Por lo general, camisetas viejas, ropa interior y algún juguete sexual de custodia incierta. En esta ocasión, a mí me tocó renunciar a mi esterilla de yoga, una colección de *Mitos del cine* en DVD que compré por tres euros en el mercadillo de Navidad del periódico y a una parte de mí. Como si en aquella despedida yo misma me hubiera marchado con mi ex y en su lugar hubiera quedado una adulta con terrores infantiles; un yo desorientado que no era ni sería más yo, que tendría que aprender a ser.

En la primera sesión de terapia, mi psicóloga insistió en que tenía que escribir: te va a ayudar, aseguró. Por aquel entonces, toda mi actividad literaria consistía en redactar artículos sobre cuánto subía el precio de la vivienda o la inflación, y al terminar de currar cada día a las diez de la noche lo único que me apetecía era pasar por el 24 horas, pillar humus con un litro de cerveza y fumarme un piti mirando al techo. Así que pasé de mi psicóloga. En lugar de eso, abrí Tinder.

A Tinder se entra igual que a misa: con la esperanza de que *haya algo más allá*. La diferencia es que la peña deja de ir a misa pero sigue siendo creyente, mientras que en Tinder una acaba volviéndose atea, pero practicante. Puede que los caminos del Señor sean inescrutables, pero los de Tinder consisten en rentabilizar la angustia existencial a base de explotar bajas pasiones (algo que llevan años haciendo la Iglesia e Idealista).

Tinder era como un juego, una manera de lidiar con eso que se había roto dentro de mí a fuerza de ignorarlo, de fingir que no había duelo y seguir adelante. Era la colección de matches un espejismo de conexión indestructible que me hacía sentir invulnerable, el paradigma reconfortante de que siempre habrá más peces en el mar.

El tema es que empecé a tener citas. Una, dos, diez, veinte. Aquello se convirtió en un ritual cotidiano, como quien se apunta al gimnasio o a clases de cerámica. Estoy segura de que hubo centros de atención primaria en Madrid con más hueco que mi agenda. Pero esto no es Pokémon, cuqui, me dirás. Y es verdad. No conozco a nadie que haya aguantado mucho tiempo usando activamente Tinder. Como cualquier aperitivo con alto contenido en glutamato, al principio puede resultar adictivo, hasta que empiezas a desear un lavado de estómago. Podría haber parado. Solo entonces me puse a escribir.

Too match fue mi manera de sobrevivir a Tinder y a la constante sensación de fracaso, de pasar un duelo embarcándome en otros, de digerir todo ese amor líquido, de sacar algo bueno de cada catástrofe, como Patricia Highsmith. Tener citas no me ayudaba a escribir, pero escribir sí me ayudaba a lidiar con la frustración.

Sé que cuando mi psicóloga me dio el consejo no tenía en mente que abriera una newsletter, la llamara Too match y me pusiera a rajar de mis fracasos amorosos en un abecedario. A lo Rosalía, pero para despechás. No puedo decir que fuera la mejor manera, pero fue la única que encontré para salir adelante y convertirme, si no en la heroína de esta historia, como dijo Nora Ephron, por lo menos en la protagonista de mi novela, como diría Romeo Santos.

Con roscón o sin él, una ruptura nunca es plato de buen gusto. Según se vean, los problemas del amor pueden ser tonterías de jovencita o la peor angustia de la humanidad, escribió Dorothy Parker. Que se lo digan a Tamara Falcó, que por no tener que superarlo terminó volviendo (amiga, ¿quién no ha sido Tamara alguna vez?).

En mi caso, he de reconocer que fue un plato particularmente indigesto. Pero también me di cuenta de que, en cierto modo, tenía su gracia (en cierto modo, todo tiene su gracia). Eso, y que solo al tocar fondo logras descifrar aquella máxima de Rajoy (Cuanto peor, mejor para todos). I feel you, Mariano.

Entonces sí, me reí.

A

Aristocracia, ARCO, Ana Iris Simón

Febrero es el mes en que amor y arte protagonizan el espectáculo apoteósico del capitalismo en Madrid con dos fechas clave: San Valentín y ARCO.

Mientras las enamoradas caminan de la mano por una ciudad tomada por aspirantes a Basquiat y corazones estampados en escaparates, la casta de las solteras vaga por Tinder como si aquello fuera una feria de arte contemporáneo: no entiendes muy bien qué haces ahí, rodeada de piezas sobrevaloradas que jamás meterías en tu casa, así que te limitas a poner cara de interesante y convencerte de que te gusta lo que ves. No te preocupes demasiado si no es así, sabes de sobra que el amor de tu vida es tan inaccesible como el cuadro que tienes delante.

Llevaba algunas semanas en el mercado cuando hice match con A. Hasta entonces no me había animado a tener una primera cita. Mi mayor pretensión consistía en usar Tinder como el resto de la humanidad: en el metro, en la sala de espera del dentista y en el baño. Los matches eran consuelo, no esperanza.

No sé si fue por el cálido tufillo que se escapaba de las cafeterías invitándome a entrar y pedir una carrot cake y una novia, o por las tortolitas envueltas en sus plumas de Uniqlo bajando Fuencarral en perfecta sincronía, pero de repente sentí la necesidad de tener una cita cuanto antes.

Antes de quedar, A. me contó que vivía en una finca perdida en algún lugar de La Mancha con un hijo preadolescente y un perro con ansiedad social. También supe, pero esto fue por medios propios, que tenía un título nobiliario.

Reconozcámoslo, en Tinder todas somos un poco Miss Marple, pero con miedo a terminar como ella: solteras a los ochenta y sacándole partido a las dotes detectivescas adquiridas tras años de experiencia stalkeando para resolver misterios de segunda en algún pueblo de Soria (como el de por qué desde que llegaste a Pinilla del Campo han desaparecido las cajas de Lexatín de todas las farmacias de la comarca).

Gracias a una labor previa de investigación, di con la prueba del ilustre abolengo de A.: su nombre, un rosario de apellidos y un blasón familiar grabados en un árbol genealógico colgado en Google. Este descubrimiento me llevó a bautizar a A. como la Baronesa.

La Baronesa se dejaba caer por Madrid de vez en cuando. Había estudiado Historia del Arte, y la semana del Arte de febrero era la excusa perfecta para quedar.

Lo hicimos un domingo lluvioso por la mañana. Entré en una cafetería cerca de la plaza de Olavide y me pedí un café solo. Quince minutos más tarde apareció la Baronesa. Por sus facciones y forma de moverse entre las mesas, me recordó a un ciervo abriéndose paso en suelo desconocido, con cautela y elegancia.

La Baronesa iba acompañada por su perro, un lebrel afgano con ansiedad social que se pasó temblando toda la cita. Llevaba el pelo suelto en rizos castaños que le caían sobre los hombros, un jersey de cuello vuelto oscuro y unos pantalones grises de tweed a juego con el chaleco acolchado del lebrel. Cuando la vi, suspiré aliviada: A. podría parecer una esnob con aquel uniforme conjuntado, pero desde luego no una aristócrata.

La gran victoria de la nobleza española 2.0. ha sido hacerse con lo mejor de lo mundano sin sufrir las penurias de la vida terrenal. A costa, eso sí, de conformarse con no llamar la atención entre la muchedumbre. Ser noble en el siglo XXI pasa por sustituir la peluca pouf por una gorra de béisbol, unas gafas de sol y vestirte con ropa que parece de Inditex pero cuesta treinta veces más.

Une noble es como un bombón de brandy: por fuera se confunde entre el resto, pero en su interior esconde el mismo néctar rancio de hace cinco siglos. La única manera de desenmascararles es... Abriendo la boca.

La baronesa tenía un gusto exquisito: decía que escuchaba ópera, le gustaba leer a Jane Austen y practicar tiro con arco. Más o menos lo mismo que habría hecho Alejandra de Dinamarca hace ciento cincuenta años, y seguramente la señora Alejandra habría puesto la misma cara con la que me miró A. cuando le hablé del reguetón, un nuevo baile que estaba petándolo fuera de la corte, y del hidalgo Don Omar.

En aquella finca en mitad del campo, la Baronesa podía vivir completamente abstraída de los nuevos placeres profanos. Su día a día consistía en llevar a su hijo al colegio y quedarse sola en casa leyendo, montar a caballo o dar de comer a las gallinas. Lo que viene a ser el arquetipo de una amish manchega, cuyo máximo exponente es Ana Iris Simón.

Del café pasamos a la caña, y me contó que esperaba mudarse a Madrid en verano. Su plan era abrir una galería de arte, y lo haría en un local propiedad de su madre, en pleno centro. Le pregunté si tenía experiencia profesional como para emprender en un sector tan jodido. En ese momento escuché el crac del chocolate y el licor estallándome en la boca:

A sus treinta y tres años, la Baronesa no había trabajado nunca. Era madre soltera y había dedicado los últimos ocho años de su vida a criar a su hijo, al que por cierto tuvo con un conocido músico español.

Qué suerte, alcancé a decir con un hilillo de voz, y le di un trago largo a la caña. Aquello era una utopía, un privilegio inalcanzable al que jamás podría aspirar como integrante del vulgo, a menos que me tocara la lotería, o que diera un braguetazo... Con una baronesa, por ejemplo.

Nos acabamos la primera caña. Todavía no había dado la una del mediodía cuando A. me preguntó si tenía hambre. No especialmente, respondí. Podría esperar un poco. No pareció escucharlo: a la Baronesa le apetecía comer pizza. Yo había cenado pizza la noche anterior, y la idea de repetir no me seducía, pero fue el modo en que formuló la frase lo que me impidió negarme:

—Bueno... Por aquí cerca hay un par de sitios... —dije.

Pero A. apostilló enseguida:

—La verdad es que me apetece una pizza de masa fina y crujiente.

La baronesa tenía una habilidad especial para formular sus deseos y verlos atendidos, aunque no fueran más que un capricho. Un auténtico arte forjado en la costumbre de mandar que consistía en sonreír tímidamente con la mirada fija en el suelo y lanzar algo al aire que era al mismo tiempo orden y anhelo, como el antojo de una embarazada.

Escudada en que no era de Madrid, la Baronesa había depositado en mí todo el peso de la difícil elección de un horno de pizzas con masa fina y crujiente. Las pizzas de NAP tienen masa fina, pero no estaba segura de si serían lo bastante crunchy para el paladar de A., y me sorprendí a mí misma preocupándome por un hecho al que jamás le habría dado importancia en otras circunstancias.

Entramos en NAP. Dejé que la Baronesa eligiera pizza y me conformé con la idea de beberme un buen tercio de Peroni. El consuelo duró poco: A. no tenía mucha sed, y me pidió compartir mi cerveza con ella.

No era porque acabáramos de conocernos. Tampoco era el hecho de haber accedido a comer sin hambre, ni que fuera pizza de nuevo. Pero poder disfrutar de una cerveza para mí sola era la única concesión que me había permitido en la cita. Por supuesto, terminé compartiendo la birra.

Seguimos hablando sobre sus futuros planes en la capital. Le pregunté si había empezado a buscar piso. Me contó que su madre y su padre tenían alquilado un adosado en una colonia del centro y que, cuando ella necesitara mudarse, echarían a las inquilinas. Era uno de esos oasis de chalés plantados en medio de los edificios, con su basement y su cartel de CUIDADO CON EL PERRO. Como Notting Hill, pero versión española, es decir, con banderas rojigualdas en lugar de casitas de colores.

Mientras A. hablaba, yo asentía, pero en mi fuero interno no podía evitar sentirme identificada con aquellas inquilinas expulsadas al salvaje oeste del mercado de la vivienda en Madrid. Mi compi de piso ya se había mudado y cada día perdía un poco más la esperanza de que hubiera algo ahí fuera esperándome. Un agujerito de treinta metros cuadrados con una ventana por lo menos, con su baño separado de la cocina y su tabique de pladur a través del cual escuchar cada mañana el pitido de la Thermomix de les vecines.

Nos acabamos la pizza y la cerveza entre las dos y salimos a la calle, donde todavía llovía. La Baronesa había quedado con su familia en ir a una feria de arte, así que supuse que había llegado el momento de despedirse. Me acerqué para darle dos besos, pero entonces esbozó una última voluntad:

—¿Te apetece acompañarme caminando hasta la feria?

Aunque lo que en realidad quería decir era: ¿Te apetece cruzarte medio Madrid pateando bajo la lluvia a dos grados?

Si hubiera respondido que sí, tal vez hoy estaría en algún lugar de La Mancha, pasando la última página de una edición forrada en piel de *Orgullo y prejuicio*. Respirando el dulce aroma del *dolce far niente*, arropada por una manta de cachemir y por el calor suave de un lebrel recostado junto a mí.

Tal vez fui yo la que pequé de orgullo y prejuicio. Me negaba a ceder ante todas las veleidades de la Baronesa, y acepté las consecuencias: me quedé sin braguetazo. Pero al llegar a casa abrí el frigo, saqué un tercio y me lo bebí entero, y la palabra *sola* me sonó a gloria. Mi reino por una cerveza.

B

Bah oui, Bosé, Bikram

B. me hizo un hueco en su apretada agenda a finales de febrero. Llegó enfundada en un abrigo naranja butano, con un pañuelo de raso en tonos violetas y verdes anudado al cuello y guantes de cuero. Cogimos sitio en una mesa alta que habían habilitado para fumar en la puerta de un bar de Alonso Martínez. Un doble para mí y una clara para ella.

Habíamos hablado poco por chat, lo imprescindible. Ella me encontró un parecido razonable con Isabelle Huppert, así que no podía dejar escapar la oportunidad de sorprenderla con una versión cuarenta años más joven de la mujer más elegante del panorama cinematográfico europeo. Yo a ella le veía un aire felino, pero no se lo dije por miedo a parecerme más a un escritor creepy que a Huppert.

Tenía el pelo rubio cortado en choppy bob y unos ojos muy grandes para su cara, o una cara demasiado pequeña para esos ojos; dos charcos azules en los que flotaban las pupilas como agujas de sol, o como soles en supernova.

Dos explosiones diminutas mirándote desde una cara diminuta.

B. Había quedado a cenar después (clásica maniobra por si tu match no te gusta), lo que colocaba nuestra cita en el lugar de un entremés, y a mí, en el de una gilda avinagrada para matar el gusanillo. Los primeros diez minutos los dedicó a lo que cualquier compatriota del país de los cruasanes: a elaborar una lista pormenorizada de bienes y servicios que deberíamos importar de allí, empezando por sindicatos de verdad y terminando por el pain au chocolat. Hablaba con voz grave, la mandíbula inferior ligeramente desencajada, como si tuviera un pedazo de hielo derritiéndose bajo la lengua. Es algo que le pasa a toda la gente que habla francés.

Me contó qué hace una francesa viviendo en Madrid. Lo típico: teletrabajar como analista de datos mientras planea abrir una cooperativa de cosmética bio, y bikram yoga. B. era una adicta a los asanas a cuarenta grados con humedad, que es lo más parecido a hacer el pino en Murcia a principios de agosto.

Para quien no haya tenido la suerte de probarlo, el bikram viene a ser el yoga de los Geos. Yo también lo practiqué hace unos años, después de que la fisio me dijera que tengo los isquiotibiales cortos (¡Patea más fuerrrtee! Bramaba una profesora con acento del Este a un sudoroso pelotón en shorts luchando contra la gravedad). Desde entonces puedo atarme las cordoneras sin doblar las rodillas. Dejé de ir después de la pandemia porque me daba no sé qué aquello de tragarme los chakras de otras veinte personas exhalando a la vez. Eso, y que mi ex se quedó mi esterilla de yoga y no he sentido la necesidad de gastarme otros quince euros en el Decathlon.

A B. se la sudaba el coronavirus. Bueno, el coronavirus, las vacunas contra el coronavirus, el calentamiento global y cualquier otro fenómeno respaldado por la ciencia y cuestionado por Miguel Bosé. *La Agendá 2030 es una conspigasión paga benefisiag a las elités de aggiba*, aseguraba B., porque todo el mundo sabe que las multinacionales energéticas y petroquímicas llevan años confabulando para ver si empezamos a pagar el maldito impuesto de hidrocarburos de una vez.

La cita duró media hora, como mucho. Lo justo para no morir congeladas en aquella terraza. También es lo más cerca que he estado nunca de un speed dating, pero sin la grimilla que envuelve ese tipo de eventos. Era otro tipo de grima el que sentía por B., por decirlo de algún modo. Una grima salpicada de curiosidad. La misma curiosidad que me despertaría un extraterrestre. Lo que quiero decir es que no me habría importado enrollarme con ella. Al fin y al cabo, las ideas no se contagian por transmisión sexual.

Llegué a creer incluso que la cita había sido un éxito. B. me invitó a la cerveza y añadió que a la próxima pagaba yo. Sin embargo, al despedirnos dijo que tenía que confesarme algo: ella no era bollera, solo *uná chica abiegtá*. Al parecer, sus amigas lesbianas le insistían en que eso había que aclararlo.

Lo cierto es que yo no tenía ningún problema en ayudarla a salir de dudas. Hay una leyenda popular a este lado de la acera, y es que las bolleras aborrecemos por definición a las heterocuriosas. Es mentira. Las bolleras no odiamos la heterocuriosidad, lo que no nos gusta es que nos mareen.

Puede que B. saciara su curiosidad en nuestra cita. Tal vez fue más tarde con otra chica, o puede que por el contrario reafirmara su negacionismo, amén de otras teorías conspiranoicas. No sé cómo le saldrá la cobra en bikram, la de Tinder se le dio estupenda. Me quedé con la curiosidad, y con una cerveza gratis.

Marzo

Querida amiga:

Hay muchas maneras de dividir el mundo en dos tipos de personas: las que creen (en Dios, la mano invisible, los superalimentos, el PSOE en Madrid) y las que no; las que tienen Netflix y las que lo parasitan; las que leen en papel y las que is-qui-il-ebook-pisi-minis; las que saben que con nuestros impuestos se sostiene el Estado del bienestar e Isabel Díaz Ayuso. Pero quizá la clasificación más certera de todas sea, simplemente, la que divide el mundo entre las personas que duermen bien y las que no.

Por ejemplo, está claro que le genie de la biología que resolvió que las funciones vitales del ser humano son tres: respirar, comer y follar (bueno, tener bebés), no tenía problemas para dormir. ¿Cómo puede ser que una actividad a la que dedicamos un tercio de nuestra vida (mucho más que a comer y, por desgracia, a follar) no sea una función vital? Al otro lado estoy yo, que si he podido llegar a esta conclusión es porque he tenido mucho tiempo para pensar, y es bien sabido que, en la vida moderna, una persona que tiene tiempo para pensar es una persona que no duerme.

No siempre fue así. Nunca he tenido problemas para conciliar el sueño. No uso tapones, no necesito antifaz e incluso disfruto de acostarme sin bajar la persiana para despertar con la luz del sol. Mis ritmos circadianos funcionaban perfectamente. Un puto reloj suizo. Entonces, llegó el 6 de enero, y la cosa cambió. Dormir empezó a parecerse a ver Telecinco: cada diez minutos se interrumpía la emisión. Las niñas estaban al tanto, y el lunes amanecí con un mensaje en nuestro grupo de WhatsApp:

> ¿Qué tal has pasado la noche? Me ha dicho L. que están los astros patas arriba con el eclipse. Yo dormí fatal y tengo a mucha gente alrededor que también. Solo quería mandarte un besito

El lunes hacía dos meses de la ruptura, pero desde luego era mucho más reconfortante pensar que mi insomnio era resultado de una maldición compartida con el resto de la humanidad. Si Shakespeare estaba súper in con los eclipses (los cuela una decena de veces entre sonetos y dramas), ¿por qué no íbamos a abandonarnos nosotras a la astrología? L., nuestra experta de confianza en misticismo y fenómenos paranormales, nos recomendó dibujar unas alitas y meterlas en la funda del móvil para protegernos (¿de los eclipses?, ¿de las rupturas?), y las niñas, que son ateacuriosas, no dudaron en encomendarse a un trozo de papel.

Yo decidí optar por métodos más convencionales: hacer como que el eclipse no existía y recordar que tenía un bote de melatonina en la mesilla. Un remedio del que no había tirado desde hacía exactamente dos meses.

Solo en ocasiones especiales, dijo mi hermano con el frasco todavía en la mano, como sin atreverse a soltarlo, y miré la etiqueta por si acaso aquello fuera fentanilo u Ozempic. Entonces yo no necesitaba melatonina. Simplemente pasó por el Primaprix antes de venir a casa y había 2×1, así que pilló un bote para él y me dio el otro.

Tuve el bote sobre la mesita de noche los últimos días antes de la ruptura. Esperando la oportunidad, como si presumiera de saber algo que yo ignoraba entonces, y que era que ese momento estaba a punto de llegar. Por eso cuando las palabras renunciaron a encontrarse y el desasosiego se hizo costumbre, y aquel adiós con la voz engolada y medio roscón en la basura, el frasco de melatonina supo que había llegado su momento de brillar.

Pensé que aquella era una ocasión lo suficientemente especial como para permitirme abrir el bote. Aun así, no lo hice: la primera noche caí redonda. Estaba tan cansada de aparentar normalidad que, en cuanto dejé de oponer resistencia, todo se desvaneció y la corriente me arrastró en un suave abandono. No me enteré ni de Filomena. Solo cuando desperté de madrugada y fui consciente de que todo había acabado, no pude dormir más. Todavía eran las cuatro de la mañana, así que decidí tomar una pastillita.

Esta mierda no funciona, le dije al día siguiente a mi hermano, y entonces fue él quien dudó de si lo que me había dado era fentanilo. Solo respondió que leyera bien la etiqueta. Recordé que la última vez que no leí unas instrucciones terminé con los ojos como dos pelotas rojas de ping pong tratando de explicarle a una farmacéutica por qué me había parecido buena idea probar el mecanismo de un ambientador automático del Mercadona apuntándome con el chisme directamente a la cara.

La etiqueta decía que había que tomar dos comprimidos. Dos, no uno. Así que, como desgraciadamente esa noche seguía siendo una ocasión especial, tomé dos comprimidos. Los mastiqué con dificultad, ya con la férula puesta. Parecía un perro tratando de triturar una chuche entre los colmillos. Al día siguiente llegué a la conclusión de que la melatonina es estupenda para dormir, siempre y cuando no te importe que Blumhouse sea la productora de tus sueños. Un detalle del que ya me había advertido mi amigo D.

Odié la experiencia. La melatonina da sueño, sí: el peor sueño de tu vida. Un sueño pesado, una placidez que se arrastra más allá de la noche y se te acomoda dentro. Que se vuelve molesta, como una visita que no termina de irse. Y te pasas el día enterrada en una sombra de arena.

No volví a abrir el bote. Da igual no haber dormido. Si estás inquieta, te vas a despertar, me decía D. Efectivamente. No era el sueño, o su falta, lo que me quitaba el sueño; era otra ausencia, el pensamiento que cruza tu mente en el momento más inoportuno para interrumpir sin ningún tipo de respeto lo que sea que estés haciendo y robar toda tu atención solo para recordarte en un instante de sorna que *ya no*.

El tiempo, entonces, empieza a medirse por el número de minutos, al principio; de días, más adelante; que puedes pasar sin esas condenadas interrupciones, y empiezas a buscar distracciones para alargar ese espacio de olvido pasajero. Sin olvido, dice Susan Sontag, no existen ni la felicidad, ni la alegría, ni la esperanza, ni el presente. Sin olvido no puede existir la desesperación, ni la ansiedad, ni el anhelo, ni el futuro.

Las distracciones son la unidad de medida del duelo. Se trata de hacer como que no piensas en ello, hasta que dejas de pensar en ello, dijo mi amigo A. en uno de sus habituales ataques de sabiduría. Es como dormir: cierras los ojos y haces como que duermes hasta que, finalmente, lo consigues.

Nunca he tenido problemas para dormir y, ahora que no puedo hacerlo, preferiría olvidar.

C

Cocaína, Cobo Calleja, Crush

Olvidar a tu ex es como empezar a ir al gimnasio: desde fuera parece sencillo y todo el mundo te dice que es lo mejor que puedes hacer. Al principio cuesta horrores. Cada vez que lo intentas, acaba doliéndote todo. Pero hay muchas personas que nunca lo consiguen y, cuando las ves, se nota. La celulitis emocional existe.

C. posaba seria en todas las fotos de su perfil. Los párpados caídos, como si la vida le aburriera o sacara el selfi justo antes de pestañear. Tenía que haber hecho algo horrible en otra vida, porque Dios la había castigado con acento de Almería sin ser ella nada de eso. Todas las mañanas le tocaba ir a currar hasta el polígono de Cobo Calleja. Pensé que allí solo había productoras de cine y mafias chinas, que viene a ser lo mismo.

C. formaba parte de esa generación de jóvenes urbanitas, con el cuerpo salpicado de tatuajes de navajitas y sonrisas tristes, que sueñan con un exilio en el campo fruto de la combinación perversa del trauma del alquiler en Madrid y de ver demasiadas veces *Call Me by Your Name*. Por lo general, el sueño rural consiste en comprar una casa a punto de derrumbarse en medio de la nada y gastar en la reforma lo mismo que en la entrada de un piso en Vallecas para, con suerte, terminar como la protagonista de *Un amor*. En realidad, lo que quieren es tener mucho dinero, como todo el mundo.

Quedamos un viernes a media tarde en el Pavón. Todavía daba el sol, así que nos sentamos en las sillas de lona naranja de la terraza. Yo me pedí una caña y ella se creyó Hemingway en la Costa Brava tomándose un vasito de Perrier.

C. decía que no podía beber, pero también decía que había superado a su ex, y acabó ebria a pacharanes contándome cómo una muchacha pasada de cocaína la había dejado plantada en una ciudad que no era la suya. De pronto se vio sola, arrastrando un trolley calle arriba, calle abajo, a la espera de la hora para coger el bus de vuelta a Madrid. Ella lo contaba sonriendo. Daba un trago largo, se quedaba mirando el vaso y con un dedo jugaba a hundir el hielo mientras sonreía desde otro lugar. Yo no podía evitar sentir pena por aquella historia, y por ver a C. luchando por convertirla en una anécdota graciosa cuyo colofón era ella montada en un Alsa cruzando Aragón por la A-2 con un hilillo de moco goteando sobre el terciopelo rancio del asiento. Le pregunté: ¿Hace cuánto lo habéis dejado?, y casi me atraganto cuando respondió que había pasado solo un mes de aquello. Récord Guinness en superar a su ex.

Sé lo que estás pensando. No estaba yo como para dar lecciones (a lo sumo, un botecito de melatonina). No lo hice.

En lugar de eso, le conté mi historia del roscón, el Capitolio y Filomena. Pasamos la tarde recordando viejos tiempos.

Que levante la mano quien no haya entrado en Tinder después de una ruptura. Matar el tiempo deslizando perfiles en el sofá es el nuevo tragarse *Love Actually* con helado de Ben & Jerry's. El chute de endorfinas que viene con cada match es una droga que ayuda a estar un poco menos en la mierda. Pero el efecto es igual de efímero que el de una raya: tarde o temprano te llega un ghosting, la recaída. Las inseguridades, en carne viva tras la ruptura, se acentúan, y con ellas el mono por seguir usando la app.

No volví a ver a C., pero ella siguió escribiéndome durante semanas. Aprovechaba cualquier excusa para enviarme un mensaje y decir que se acordaba de mí. Veía roscones hasta en las rotondas. Al principio intenté ser sutil. Responder con cordialidad, cero flirteos. Luego vi que mis respuestas solo servían para darle bola y pasé a los monosílabos, y cuando me di cuenta de que daba igual lo que dijera porque C. seguiría intentándolo, terminé por no contestar. Me sentía culpable por haberme convertido en una criminal del ghosting, pero no creía deberle una explicación, y que me avasallara a mensajes solo empeoraba las cosas. Las niñas trataban de consolarme:

—No te culpes, no es nada extraordinario. A todo el mundo le gusta alguien. A ella le gustas tú y a ti te gustará otra.

¿Hasta dónde debe llegar la implicación emocional con una desconocida? Hay un mantra muy popular en Tinder que sentencia: Si no tienes responsabilidad afectiva, next. Como obviando que el éxito de la app radica precisamente en sacar partido al fracaso. Si Tinder nos ayudara a establecer lazos duraderos, sería un triunfo como red social, pero un desastre como negocio.

Todas hemos hecho ghosting alguna vez. A todo el mundo le gusta alguien y todas somos la hija de puta de alguien. Lo malo es que siempre habrá otra persona comiéndose los cadáveres que vamos dejando por ahí. Tinder es un campo abonado por la necrofagia emocional.

Un día pensé que C. podía estar pasándolo mal, y que por mucho que nuestro vínculo fuera un espejismo, su malestar sí era real. Decidí darle las explicaciones que, si bien aquella situación no merecía, su salud mental sí. C. me había convertido en una novia imaginaria: lo peor de Tinder y lo peor de una novia, todo junto, y tuve que romper con ella. Gracias a Ayuso no nos volvimos a encontrar.

Abril

Querida amiga:

Para escribir, una mujer necesita una habitación propia, dijo Virginia Woolf, que probablemente no tuvo el placer de experimentar nada parecido al mercado de la vivienda en Madrid. Una habitación propia, sí, pero en un piso compartido, y si tienes suerte y la treintena todavía no las ha llevado a casarse o a dejar el curro para hacer un curso de instrucción de yoga en Rajastán, puedes seguir viviendo con tus amigas.

Mi sueño húmedo cada noche era encontrar no una habitación propia, sino un piso para mí sola. ¿La república independiente de mi casa? No. Una autocracia solipsista, un régimen totalitario de espejos sin churretes y tazas de váter tan limpias que dieran ganas de meter la cabeza dentro y comer lentejas. Un imperio donde nunca se ponga el sol, básicamente porque lo máximo a lo que podría aspirar sería un interior con vistas al patio de luces. Luces para mí sola.

A la segunda noche durmiendo con gorrito en el piso compartido llegué a la conclusión de que tenía que elegir: escapar de allí o terminar criogenizada por los gélidos gemidos de Filomena colándose a través de la ventana. Escogí la primera opción, aunque la criogenización probablemente habría sido más fácil y barata.

Durante dos meses estuve de okupa en casa de las niñas, buscando piso con la misma paciencia con la que el sol derretía los bloques de hielo cada mañana a ambos lados de la calle. No es que fuéramos seis tías compartiendo piso. Fue solo una de las niñas la que me acogió, pero al abrir la puerta sentí que éramos las seis, porque todos nuestros gestos encierran un plural mayestático.

En abril, cuando de la nieve solo quedaban las huellas de sal embarrada sobre el asfalto, encontré casa y me despedí de las niñas. De no ser por mis amigas y su calefacción central, quizá hoy estaría en el quinto criosueño. Eso sí, con la piel más tersa que Cate Blanchett.

Como las enfermedades venéreas, las amigas son inevitables en la vida en sociedad: surgen en lugares insospechados, como por ejemplo el baño de una discoteca; las hay que jamás se manifiestan pero sabes que están ahí; mientras que otras se quedan para toda la vida (todo depende de la atención que les dediques). Según la antropóloga y neurocientífica que asesora a Tinder, Helen Fisher, la amistad es uno de los grandes inventos de la modernidad.

La industrialización trajo consigo el éxodo rural: la peña se mudó del campo a la ciudad en busca de un buen curro en el que echar tropecientas horas, dejando atrás sus raíces. Que hubiera tanta gente lejos de *la famiglia* condujo a un bum de solteres viviendo en soledad. Ojo, no es que ahora haya más peña sin pareja que antes (alrededor del 40 % de les norteamericanes están free, single & ready to mingle, cuando en 1900 el promedio estaba en poco más, el 46 %). La diferencia es que, si te quedabas soltera entonces, vivías con la parentela, mientras que ahora vivimos solas. Lol.

Esto no tiene antecedentes, asegura la Helen, y dice más: Dicho hábito contemporáneo está generando una forma de vida en familia realmente moderna: la asociación. O sea, les amigues.

De hecho, la combinación de ese fenómeno de asociación (les amigues) con el de las fuerzas productivas y destructivas del capitalismo (la prole) han llevado a que técnicamente ya no vivamos solas. Vivimos juntas porque estamos solteras y porque somos precarias (como diría Soyunapringada: ¡Por las precarias, por las disidentes, por las no binarias!).

Hace algunos días, mi amigo D., con quien he forjado un precioso vínculo en torno al duelo y la escalada (un cóctel ecléctico que encuentra su máxima expresión en un chat de grupo junto con M. convenientemente bautizado *Pegues y apegos*), me escribió de repente a media tarde para decir:

> ¿Puede ser lo peor de buscar pareja el hecho de que no dependa lo más mínimo de uno mismo?

A diferencia de la búsqueda de piso, actividad en teoría regida por la cognición racional, encontrar pareja se ha concebido históricamente como un proceso regulado por las emociones. El amor es visto como un acontecimiento al que una sucumbe de manera irremediable, de ahí las expresiones To fall in love o Tomber amoureuse. Una respuesta irracional que la socióloga Eva Illouz (ya siento tener que citar a una negacionista del genocidio en Gaza) denomina la evaluación intuitiva.

Sin embargo, el filósofo Slavoj Žižek dice que en la cultura consumista nadie quiere sufrir esa caída fatal for no reason. No, si antes podemos definir nosotras mismas los criterios de búsqueda.

Hubo un tiempo en que las parejas se formaban por conveniencia (la sociedad elegía por nosotras). Y precisamente porque no podíamos elegir, el amor constituía una fuerza inexplicable e irracional en los márgenes del statu quo. Pero conforme la soberanía pasó de la sociedad al individuo, y las limitaciones de clase, etnia o sexo desaparecieron, el amor dejó de estar por encima de nosotras: podíamos elegir a quién amar, y la lista de candidates era infinita. Y ¿qué pasa cuando hay demasiadas opciones para elegir? Que en lugar de dejarnos llevar por una fuerza irracional (la evaluación intuitiva), empezamos a tirar de la razón.

El amor ya no consiste en dejarse caer, sino en saber elegir. La capacidad de elección constituye el hito cultural que define la modernidad, dice Illouz (ugh). Es lo que construye el ser en la sociedad individualista. Elijo, ergo sum: en identidad sexual, orientación política, carrera profesional, plataforma de streaming, app de citas favorita y, por supuesto, en el amor. Todo, menos el piso. El mismo anarcocapitalismo que nos empuja a hacer estudios de mercado sobre potenciales candidatas a pareja nos impide elegir en el mercado del alquiler.

Así que puede que el amor clásico no, pero el amor moderno sí depende de una misma, y representa de hecho el paradigma del imperio de la elección. Se trata de nada más y nada menos que elegir a UNA persona de entre todas las del mundo a la que amar, el acto más generoso de todos (obviamente este razonamiento parte de una base no poliamorosa, porque no me apetece meterme ahora en ese jardín).

Lo cierto es que buscar piso y pareja comparten algo más que la etiqueta de misión imposible. En la práctica, somos mucho más emocionales de lo que queremos reconocer en el mercado inmobiliario y mucho más racionales a la hora de encontrar el amor. Y ¿sabes qué más se parece a buscar piso? Quedar con una famosa.

D

Diva virtual, Delulu

Quedar con una famosa por Tinder se parece bastante a alquilar piso en Madrid. Como es imposible hacerlo por el centro, terminas yéndote a la periferia y, cuando lo tienes delante, se te cae un mito: en fotos siempre es mejor que en persona.

D. se había abierto un hueco en el panorama musical. Tenía tanto poder de convocatoria como un piso dentro de la M-30 (bueno, casi). Si se lo proponía, podía llenar la calle de jóvenes coreando con pancartas. Una postal bastante parecida a la de las manifestaciones por el derecho a la vivienda.

Como el resto de la farándula madrileña, D. y su clan vivían en la trinchera de la noche. Habían cambiado la penumbra desgastada de la Vía Láctea por el terciopelo lynchiano del Club Malasaña, donde ahora solían moverse a brazadas entre el humo y el sudor; siempre con ropa ochentera, mullets y cierto aire enajenado, de manera que una nunca tenía claro si acababan de salir de *Lluvia de estrellas* o de Proyecto Hombre.

Formaba parte de esa corriente urbana bautizada como *el moderneo*, eufemismo para referirse al resultado de la macdonalización de la contracultura de los ochenta. La nueva movida madrileña pasa por meterse autotune en lugar de heroína, llevar un Pikachu handpoked en el muslo y cantar canciones sobre lo triste que estás porque la chica que te mola no mira tus stories de Instagram. El universo nos arrebató a Nacha Pop y en su lugar nos trajo a Sen Senra, que viene a ser una versión castrati de Álex Ubago con ropa cani.

Hicimos match y ahora tenía que romper el hielo. ¿Debía actuar como una groupie y alabar su música? Con Bisbal funcionó: terminó yéndose con la presidenta de su club de fans y dejó a Chenoa llorando en chándal en la puerta de casa. Pero yo no me sabía ninguna canción, y me arriesgaba a que antes o después se me cayera la careta de impostora.

Elegí un domingo por la tarde para enviarle un simple Hola, ¿qué tal? Sospecha de la peña que abre conversaciones con frases ingeniosas (¿Sabes quién más prefiere el ingenio a la educación? Tu cuñado). D. tardó en contestar literalmente tres minutos. Desde ese momento, estuvimos hablando de forma ininterrumpida unas dos semanas antes de quedar. Mientras tanto, yo me dediqué a escuchar en bucle todas sus canciones, como cuando te toca ir a un concierto por compromiso y te marcas un intensivo para que al menos te suenen las letras.

El estilo musical de D. era difícil de definir. Lo llamaba trap para días jodidos, aunque lo más probable es que el día se te jodiera después de escucharlo. Afortunadamente, la conexión que tuvimos, y que nos llevó a chatear a diario por WhatsApp, no giraba en torno a sus canciones, sino a la literatura, y todo el mundo sabe que la literatura es una manera de ver el mundo, mientras que la música es solo una forma de lidiar con él.

A D. le molaba el estilo conciso de Cookie Mueller, la perfección ontológica de Jorge Luis Borges y la oscuridad de Anna Kavan. Quise pensar que había encontrado a mi media naranja. Entonces me envió sus poemas. D. escribía cosas como: Quiero subir con una nave espacial hasta tu castillo para ver las estrellas contigo. Intenté salvar la situación soltando que tenía un aire naíf, aunque supongo que la naíf era yo creyendo que podía querer acostarme con alguien que escribía bajo la influencia de un teletubbie.

Quedamos un sábado en los confines de Matadero, frontera entre el Madrid gentrificado y el Madrid en vías de gentrificación (Arganzuela está a un Empanadas Malvón de culminar su, ejem, proceso de revitalización).

Nos sentamos en una terraza de Legazpi con mesas y sillas metálicas. En la marquesina del bar y en la carta plastificada había fotos de platos combinados, huevos rotos y patatas bravas regadas con bien de aceite. Pedimos dos cervezas, que nos trajeron en vasos de tubo, y D. me habló de sus años de desenfreno y de cómo antes de los conciertos tenía que beberse un chupito de vodka a palo seco. Tal vez ese fuera el secreto para lidiar con su música, pensé.

Más allá de las farras por Malasaña (¿hay algo más allá?), no hablamos mucho. D. tendría muchos temas musicales, pero pocos de conversación. Probablemente haya capítulos de *Jara y sedal* con los que haya conectado más, y lo peor es que percibía que el desinterés era mutuo. A ojos de D. yo debía de ser igual de plasta. Incluso tiré de preguntas de primero de Tinder, como: ¿Qué haces en tu tiempo libre? Prefería sentir vergüenza ajena antes que caer en un silencio incómodo, no fuera a ponerse a cantar.

Fue D. quien nos salvó de la cita cuando dijo que era un poco tarde y se iba a casa (todavía era de día). Me invitó a las cervezas y se despidió en el metro con un: Venga, hasta luego, como si yo fuera une jefe pesade llamando por teléfono un viernes a las seis y un minuto o les de Iberdrola.

Por suerte, para entonces ya había encontrado un pisito de alquiler al que destinar la mitad de mi sueldo. Al llegar a casa hice lo mismo que cuando volvía de ver zulos cozy por Malasaña: no hay nada como una pizza y Bad Gyal para los días jodidos.

E

Ella prende las turbinas, Escarlet Johansson, Expectativas

E. rompió el hielo metiéndose con mi reconocido gusto por bailar reguetón. Soy una firme defensora de que hay momentos para disfrutar de Chet Baker con un buen libro y otros tantos para sacudir las nalgas al ritmo de las turbinas. Ella era una chicharrera abanderada de todes les canaries que viven prófugues del régimen de Daddy Yankee.

Pese al encontronazo inicial, E. me pareció una tía guay. Habíamos estudiado en la misma universidad y teníamos alguna amiga en común. Incluso había llegado a compartir piso con una de mis ex. Una colección de casualidades que yo interpretaba en clave de garantía. Como si todo nuestro círculo de conocidas fuera una Arcadia de estabilidad emocional.

Hicimos match a mitad de febrero, pero no nos conocimos hasta finales de abril. Después de terminar la carrera, E. había vuelto a Tenerife, donde vivía en un piso de su tía con vistas a la playa de Los Cristianos. Allí había abierto una escuela de español para extranjeres con un método de enseñanza muy particular: en lugar de workbook, le ponía a sus alumnes listenings de conversaciones grabadas de parkineo. Les guiris seguirán haciendo balconing en Magaluf, pero por lo menos ahora te pedirán los hielos para el cubata en perfecto castellano.

E. planeaba viajar a la península en Semana Santa. Se había inscrito con su escuela como voluntaria en unas jornadas de integración de migrantes en Barcelona y después se quedaría unos días por Madrid visitando a colegas. Hasta entonces, hablamos por WhatsApp.

Dos meses y medio son más de sesenta días. En sesenta días da tiempo a incorporar un nuevo hábito con el que complicar tu existencia, como fumar o hacer ayuno intermitente, apuntarte a un curso de JavaScript del SEPE y, por supuesto, a idealizar a una desconocida.

Todas las mañanas, E. me enviaba una foto del desayuno en el balcón de su casa, y yo me veía a su lado en biquini comiendo tostadas con tomate y aceite frente al mar, dejando que las migas de pan me resbalaran hasta el ombligo y los ojos se me cerraran de felicidad y por los destellos del sol en el océano. Mis reportajes matutinos eran menos mágicos, en una mesa abatible de Ikea con vistas al edificio de enfrente. Pero había conseguido encontrar piso y vivir sola en Madrid, y eso ya era un triunfo.

Del desayuno pasamos a la cena y qué tal el día, los audios y te noto la voz cansada, los fines de semana y ojalá estuvieras aquí; te haría papas con mojo, iríamos a un guachinche y comeríamos carne fiesta, y empecé a sentirme como Joaquim Phoenix en *Her* (qué suerte, E., te tocó Scarlett). La burbuja de la idealización se iba inflando como une niñe gorde y yo era consciente de que eso no estaba bien, que una pequeña parte de mi presente empezaba a llenarse con un espejismo de expectativas, que yo solita estaba construyendo la imagen de una desconocida. Una E. a la carta, una E. Do It Yourself, y que me gustaba el resultado. Cuando el altar estuvo terminado, E. voló a Madrid.

Quedamos un miércoles a las once y media de la noche. Yo me estaba terminando la última con las niñas en la plaza de Santa Ana. E. había aterrizado por la mañana y se quedaba en casa de una colega que vivía por Embajadores. Al día siguiente se marchaba al voluntariado en Barcelona. Después volvería. Pero ¿cómo íbamos a esperar más? Al despedirme, le escribí:

Te apetece que nos veamos?
Ahora?
Puedo acercarme a la Latina
Acabo de llegar de correr y estoy toda sudada. Me da tiempo a cambiarme?
No, vamos

Tan pronto como vi a E. bajando por la plaza de la Paja, me tragué mis palabras: pantalón de chándal, camiseta de algún equipo de fútbol (¿CD Tenerife?), chaqueta de Fila y en la cabeza una bandana naranja que le cubría por completo el pelo y que hizo que de lejos la confundiera con un señor calvo.

Entramos al primer y único bar que vimos abierto a esa hora. Yo pedí un doble y ella una jarra de cerveza. Sus manos me recordaban a las de mi primo. Bebía como si hubiera nacido en una taberna: con la mano completamente abierta agarraba el cuerpo de la jarra, dejando el asa por fuera. Después empinaba el codo y trazaba un ángulo de noventa grados con el brazo, ofreciendo la vista de su axila como si fuera a echarse desodorante. Al terminar, chascaba la lengua y soltaba aire por la ranura de los labios. Daba la impresión de que beber era una acción que dolía.

No volvimos a hablar. En *Mujeres y Hombres y Viceversa* alguien se escudaría en que No era mi prototipo (siempre que emplean esa palabra me imagino la maqueta de un barco). Max Weber preferiría llamarlo la intelectualización del mundo: cómo el juicio racional ha ganado la batalla de la modernidad. Ahora más que nunca, llevar la razón es llevar razón.

Todas esas semanas hablando, proyectando una idea de E., haciendo check en una lista imaginaria de requisitos de mi persona ideal, solo habían servido para agrandar la única burbuja que podemos inflar les jóvenes de hoy: la de las expectativas con una desconocida.

Me había dedicado a erigir un monolito de E. basado en la racionalidad. Una construcción hipercognitiva que dejaba de lado un elemento históricamente fundamental de la percepción: la valoración intuitiva. Ese interruptor que se te enciende dentro sin explicación cuando la persona que te gusta se moja los labios con la lengua antes de hacerse una coleta o responde mientras retiene el humo de un piti.

E. reunía muchos de los atributos que buscaría en una potencial pareja. Era inteligente, tenía sentido del humor, compromiso social y una casa en la playa. Simplemente no me gustaba. ¿Por qué? Muy fácil: porque no.

Semana Santa

Querida amiga:

Como la Semana Santa, hay relaciones que aguantan a base de mitificar escenas. Mientras aquello dura, todo es devoción, hasta que se acaba y resucitas. Solo entonces te das cuenta de que, por mucho que te empeñes en llamarlo pasión, ahí solo había sufrimiento. Y, de un día para otro, dejas de adorar una idea.

Lo cierto es que no hay mayor vía crucis que entrar en Tinder después de una ruptura (la que esté libre de pecado que tire la primera piedra). Al principio lo haces pa matar la tusa, porque estabas enamorada y ella no, y porque llevas días durmiendo menos que Jesusito en Getsemaní y llorando más que las hermandades de Sevilla después de ver la predicción de la AEMET. Hermana, como sigas en ese plan verás que no hace falta ser virgen para acabar con la facha de La Dolorosa. Es justo y necesario distraerse un poco haciendo match con unas cuantas estampitas paganas.

Por alguna razón divina, estás dispuesta a postrarte ante cualquier pintamonas que te prometa la salvación. Pero el milagro no aparece. Pediste el Éxtasis de Santa Teresa y lo que te llega es una procesión de torsos desnudos y posturas hieráticas. Para cuando descubres la Gran mentira, es demasiado tarde: estás enganchada. Ya no por fe, sino por si acaso.

Después de una semana de penitencia, te das cuenta de que como no salgas de la cama tu edredón va a terminar convertido en el Santo Sudario. Ha llegado Jueves Santo. Es hora de rendir culto a alguno de esos matches y decides quedar. La última cena del siglo XXI es la última cita en un bar de Lavapiés. La diferencia es que en Judea la probabilidad de fracaso era de una entre doce, y ahora es de una entre una. Al día siguiente despiertas y no sabes si hacerle la cruz a tu cita o crucificarte tú. Es la profecía autocumplida del Viernes Santo: elegiste enrollarte con Judas, y lo sabes.

Sábado es el día del silencio, la reencarnación del ghosting, y te pasas la mitad de la mañana envuelta en la sábana santa mientras miras fotos de tu ex, y la otra mitad buscando en Google nuevas formas de flagelarte.

El domingo te miras al espejo y, entre el chándal de estar por casa y la marcha de tambores y cornetas que se cuela por la ventana, decides que más te vale resucitar si no quieres terminar pareciéndote a C. Tangana en un Tiny Desk. Entonces coges el móvil y vuelta a empezar. Así es la Pasión de Tinder, seis días de calvario y uno de resurrección, la cofradía del santo fracaso compuesta por todas tus citas camino del altar.

F

Fairy, Fango, Fail

Diez matches coleccionaba en Tinder,
una borró la app y quedaron nueve.
Nueve matches abrieron conversación,
una dijo Wenas y quedaron ocho.
Ocho matches preguntaron: ¿Qué buscas en Tinder?
una dijo que un trío con su novio y quedaron siete.
Siete matches querían rollo,
una habló de las personas vitamina y quedaron seis.
Seis matches tenían la tarde libre,
una propuso ir a un taller de biodanza y quedaron cinco.
Cinco matches se pidieron una caña en la primera cita,
una contó que se había tatuado *Good vibes* después de viajar a Camboya y qué suerte que allí la gente es feliz con tan poco y quedaron cuatro.
Cuatro matches fueron al baño,
una se encontró con su ex por el camino y quedaron tres.

Tres matches recibieron un mensaje una semana después
para una segunda cita,
una me hizo ghosting y quedaron dos.
Dos matches contestaron que podían quedar un viernes,
una se echó novia el jueves y quedó una.
Un match volvió a quedar conmigo,
y en la cita le confesé que escribía Too match.
Ese match era F.

F. apenas tenía información en su perfil. Tres fotos, solo en una se la veía de frente y sus intereses eran correr y gato. Esta podría haber sido una red flag, si no llega a ser porque en Tinder, como en la declaración de la Renta, cuanta menos información des, mejor para ti. Salvando ese pequeño detalle, parecía mona, así que deslicé a la derecha. Una semana después de hacer match, decidimos quedar.

Elegimos un martes a principios de mayo por la tarde, cuando el sol había bajado y se inclinaba sobre los tejados, alargando las sombras del parque del Oeste. Me senté en una terraza que daba al paseo del Pintor Rosales y pedí un tercio.

Quince minutos más tarde apareció F. hablando por el móvil. Sonrió y se quedó de pie a unos metros de la mesa, lo bastante cerca como para que yo pudiera constatar que estaba tremenda y lo bastante lejos como para que ella pudiera marcarse una bomba de humo si me descuidaba.

F. era un paibon de ojos verdes y pelazo moreno. De esta gente que hace que te plantees seriamente si aquello que compraste en el súper y con lo que te llevas duchando toda la vida es champú o Fairy. Tenía la nariz fina, recta y más bien corta, pómulos marcados y sonrisa perfecta. Aunque todo eso daba un poco igual al lado de los ojos. Tenía F. en los ojos dos espigas verdes que empuñaba como púas clavadas entre los párpados. Como si necesitara mirarte para sacárselas de encima. En ese momento escuché un chapoteo de suelas en el barro, pero no le di mayor importancia.

Mientras ella hablaba por teléfono me dediqué a analizar su ropa y sus gestos. Mi objetivo era adivinar de qué palo iba. Fue imposible. F. se movía con la calma estudiada del animal que se sabe observado. Llevaba vaqueros y camiseta blanca. Un conjunto lo suficientemente neutro como para caracterizar al mismo tiempo a actores secundarios de cine quinqui, dependientes de Levi's y celebrities comprando el pan. Colgó y se acercó a la mesa arrastrando una sonrisa que sustituyó de inmediato por una mueca hacia el móvil: Perdón, qué mala educación, suspiró, como si se disculpara en nombre de otra persona, y se sentó.

A F. le gustaba escalar, el flamenquito y el Estado del bienestar. Formaba parte del sóviet de Somo, facción estudiantil con aspiraciones marxistas desterrada fuera de la Complu para no pervertir al rebaño (de haber estado en CIU, seguramente hoy en el Elías Ahúja cantarían La Internacional); integrada por una proporción más o menos equivalente de personas y perros de protectora, cuya actividad principal consiste en congregarse en bares donde solo ponen música de grupos con K en el nombre, con el firme objetivo de acabar con el heteropatriarcado, el sistema de clases y el stock de tiendas de campaña del Decathlon.

Había estudiado Trabajo Social, una de esas carreras en las que te metes pensando en hacer del mundo un lugar mejor hasta que el mundo acaba haciendo de ti alguien peor. Más o menos lo mismo que pasa al entrar al PSOE.

F. me contó que empezó currando en centros de integración, pero la precariedad y la idea de no prosperar imperantes en el sector la habían hecho desistir (se sabe que hoy día une trabajadore social ha llegado al culmen de su carrera cuando le asignan a otra trabajadora social que la integre). Ahora trabajaba para una empresa de Recursos Humanos con sede en Países Bajos y había decidido que le salía más a cuenta tributar fuera de España. ¿Y qué? ¿Acaso era yo Carmen Machi en *Celeste*? Nadie es perfecta, pensé, y noté un frío espeso subiéndome por los tobillos.

Como Shakira, F. facturaba, pero no declaraba a Hacienda. Mientras describía su método de camuflaje vía zoom para que sus jefas no descubrieran que curraba desde España (consistente en ponerse un jersey de cuello vuelto en pleno verano y decir What a cloudy day con la persiana bajada), un par de hombres de unos cuarenta años sentados en la mesa de al lado entraron en la conversación. ¿Qué otra cosa mejor iban a querer dos chicas lesbianas que hablar con ellos?, pensarían. Cuando quise darme cuenta, aquello se había convertido en una cita a cuatro.

Resultó que aquellos señores eran carniceros con sed de sangre joven y que F. era vegana, aunque aficionada al sándwich holandés. En cuanto a mí, yo solo tenía ganas de comerme a F., pero en ese preciso instante me daba cuenta de que lo máximo a lo que podría aspirar aquella tarde sería a un descuento para chóped en el Ahorramás. Afortunadamente, los carniceros no pudieron con nosotras, y F. y yo volvimos a quedar.

Era viernes por la noche. F. acababa de escaquearse de una cena con sus amigas. Ellas pensaban salir a la Tropi después, una terraza con piscina que por aquel entonces organizaba tardeos periféricos por plaza Elíptica y que F. me recomendó encarecidamente.

Llegó enfundada en un vestido largo y negro que le dejaba al descubierto los hombros de escaladora. Entre las clavículas, una gargantilla plateada que le abrazaba el cuello. El pelo liso, recogido en una coleta baja. Nadie habría adivinado que, media hora después y un par de cañas mediante, estaría vendiéndome a Porretas como los *Ramones de Hortaleza* con un piti entre los labios.

Como Yolanda Díaz, F. era la fashionaria del sóviet. Su fuerte compromiso por los derechos sociales contrastaba con una debilidad por las últimas colecciones de Zara confeccionadas en Bangladesh. Paradoja que fácilmente podría explicar si asumimos que F. pertenecía a una corriente no trotskista del marxismo.

Seamos realistas. Quitando al pavo de *Hacia rutas salvajes* (y ya vimos cómo acabó), ¿quién en su sano juicio puede presumirse cien por cien fiel a sus principios? Era un rumor interior el que me susurraba ese tipo de argumentos que me hacían asentir convencida, mientras F. hablaba con una voz porosa por la que se colaba el aire y que me hundía en el fango un poco más.

A pesar de mi turbación, o precisamente a causa de ella, me daba cuenta de que F. me gustaba mucho, y de que eso no era habitual en mí, así que resolví hacer algo insólito.

Decidí que era buena idea confesar que era la autora de Too match, una newsletter anónima donde escribía sobre mis citas de Tinder. Un plan sin fisuras.

Cinco minutos más tarde, su cara era un cuadro (¡¿Cómo que una newsletter?!) y yo ya no sabía cómo arreglarlo. Había actuado movida por un ataque de sinceridad (si te gusta, mejor contarlo antes de que sea demasiado tarde). Me pasó como a Cecilia Jiménez con el *Ecce Homo*: aunque la intención era noble, la puesta en escena fue una aberración. Especialmente cuando F., en tono burlón pero todavía en shock por la noticia, me preguntó si pensaba escribir sobre ella, y a mí no se me ocurrió nada mejor que decir: Bueno, hay material de sobra.

Dirán lo que quieran de la mentira, pero hay veces que la verdad tampoco te lleva lejos. A mí, en concreto, me llevó hasta la puerta de casa. Sola, de nuevo.

G

Googleando tu nombre encontré la poesía

¿Se puede disfrutar de la poesía de Pizarnik y que Marwan no te parezca bazofia? Amor es la palabra que resuelve el crucigrama, respondería G., enigmática, y yo la miraría pensando en por qué Marwan no se limitó a hacer crucigramas en una playa de Oropesa del Mar.

G. era del club del micro abierto. Esa legión de cantautores que escuchan a Andrés Suárez y se pasean con la guitarra a cuestas entre el café Libertad 8 y la Fídula, con la pulserita de cuero, botas de ante y una bolsa de tela de Traficantes de sueños con la frase Reading is sexy impresa y un libro autoeditado gracias a un crowdfunding de verkami.

Hacía algunos años que G. no vivía en Madrid. Había venido unos días para la firma de su última antología en algún stand de la Feria del libro, entre el último lanzamiento de Sara Búho y el superventas de Defreds.

La víspera de la firma, G. me escribió para quedar. Nos vimos en una terraza de la plaza de las Comendadoras. Se pidió una IPA y yo una lager, porque lo único más empalagoso que la poesía de cantautor es el exceso de lúpulo. Es como beber zumo de lantana.

G. me contó que, además de cantautora y poeta, trabajaba como creadora de contenido en una agencia y se había sacado un máster de SEO en copywriting. Poeta y SEO todavía resuenan en mi cabeza como un oxímoron, dos opuestos que originan un nuevo concepto: la poesía de nuestro tiempo (o una buena parte). Ella lo llamaba poesía juvenil y defendía que, igual que hay libros del Barco de vapor destinados a un público infantil al que infundir el hábito de la lectura, este nuevo lirismo cumplía semejante misión con jóvenes y poesía. Yo me preguntaba si Pizarnik, que empezó a *producir* con menos de veinte años, estaría revolviéndose en la tumba, pero no dije nada para evitar parecer un señor casposo ebrio a carajillos del Café Gijón.

Terminamos la cerveza y acompañé a G. a la Mistral, que es una de esas librerías con el poder de hacerte necesitar urgentemente otra reedición ilustrada de clásicos de la literatura rusa que poder usar de posavasos. Allí me mostró un par de poemarios que le molaban. Cuál fue mi sorpresa al ver que uno de ellos me parecía bastante aceptable. Entonces me embargó el terror: siglo XIX, salón de los Rechazados de París, Louis Leroy. ¿Estaba yo en el lado carca de la historia?

Con la congoja todavía en el cuerpo, pusimos rumbo al Café del Monaguillo para tomarnos la última. ¿Te importa si se suma una amiga?, preguntó. Entonces supe que sí, que esa era la sentencia de muerte de nuestra cita. La confirmación de que yo era una carca, al menos a ojos de G.

La amiga llegó. Se dejó caer en una silla a nuestro lado. Levantó el brazo mirando hacia la puerta y gritó: ¡Un carajillo! Tenía un aire a Samantha Hudson con invisalign y curraba como directora de arte. Era de ese tipo de directoras de arte que gentrifican el Humana.

La amiga se tiró media hora hablándonos de bolos entre bastidores y de cómo se había enamorado perdidamente de su camello, un tipo de cuarenta y tantos con barba canosa y una gorra con la que ocultaba una calvicie incipiente, que la tenía enganchada a la droga. Ni siquiera me gusta tanto, decía señalando un abultado bolsillo de su chaqueta. Después intentó venderle un gramo de coca a su amiga para poder volver a pillar más tarde y, cuando vio que no lo conseguía, lo intentó conmigo.

Volviendo a casa me tropecé con un cubo de basura que tenía algo escrito en permanente: Desordenando la felicidad me encontré con la vida. Lo firmaba Acción poética. G. diría que es poesía juvenil. Yo he empezado a llamarlo poesía de contenedor.

Mensaje de WhatsApp, 12.25 horas:

> Hola F. qué tal? Oye, que no sé por qué dije eso el otro día. La cagué y lo siento. Me gustaría volver a quedar contigo. Ojalá a ti también

H

Heura, Hiking, Hembra

Ha llovido mucho desde que Nietzsche avisó de que Dios la había palmado, y más todavía desde que Dostoievski se preguntó aquello de: Si no creemos en nada, ¿qué nos hará morales? Como resultado, la humanidad vaga sin fe ni rumbo (hay quien ya ha empezado a pagar por hacer constelaciones familiares). Afortunadamente tenemos a les veganes.

Hay cierto paralelismo entre salir con una vegana y con una fanática religiosa. Si quieres que funcione, lo mejor es que te conviertas (o que busques un buen escondite para las latas de atún).

En nuestro siglo, les veganes son les discípules de una nueva religión: gente que predica con creencias y principios morales más sólidos y nobles que los tuyos; que te invitan a ágapes bajo el pretexto de que va a ser la bomba, pero tú sabes que pasarás hambre porque, salvo que alguien obre un milagro, solo habrá palitos de apio y ensalada de lentejas; y a quienes deberías seguir para lograr un mundo mejor, pero terminas traicionando porque no eres más que una pecadora, y la carne, a diferencia del seitán, es débil. Reconozcámoslo, el reino de los cielos es suyo, porque nunca se habrían comido al cordero de Dios.

H. era una vegan influencer. La Karlos Arguiñano de la generación Z. Pero en lugar de contar chistes verdes salteando pollo al chilindrón, subía vídeos echándole siracha al tofu ahumado. Fue terminar la carrera y encontrar un nicho de negocio en TikTok, esa red social en la que la peña baila como si fueran asistentes de vuelo dando instrucciones de emergencia, y donde descubres que la estupidez humana está a solo un reto viral de distancia.

Como toda vegana que se precie, H. estaba afiliada a las montañeras: esa tribu urbana con vocación de latin king y alma de Dora la exploradora, que viste camisetas fabricadas con fibra sostenible y se mueve por el centro de Madrid con unas barefoot y una mochila del Decathlon, como si la Gran Vía fuera la GR-92.

Nada más hacer match, H. me lanzó un ultimátum: me preguntó por mi comida favorita. Yo traté de salir del paso con la misma técnica que empleo para no defraudar a mi abuela con mi orientación sexual cuando me pregunta si tengo novio: respondiendo que todavía soy joven y estoy experimentando.

Funcionó regular, porque no hubo cita. En lugar de eso, H. me metió en un grupo de WhatsApp que había creado con otras veinte bibolleras. Un harén a su medida, supongo. Al principio pensé que podía ser una buena forma de conocer chicas sin necesidad de entrar en Tinder o en el Fulanita. Eso fue antes de verme acribillada a mensajes con expresiones como yaaassssss, slaaaaaaay y me rents. Tras sopesar pros y contras de la situación, llegué a la conclusión de que la única manera de sobrevivir a aquello era convencerme de que se les había quedado atascado el teclado del móvil.

Si quería conocer chicas LGTBIQA+, tenía que integrarme en la comunidad, así que no tardé en apuntarme a uno de sus planes. H. había propuesto ir a escalar un domingo por la mañana. Hay una leyenda popular que dice que todas las lesbianas escalamos, y que es tan cierta como la de que la peña del Opus no usa condón. Tardé tres horas en darme cuenta de que ese día solo echaría un polvo, y se llamaba magnesio. También aprendí que el rocódromo es el único reducto de la galaxia en el que verás coincidir a aspirantes a bollera, fans de Chambao y peña desintoxicada de la Ruta del Bakalao. Bueno, allí, y en el Leroy Merlin.

Mis esfuerzos debieron de dar resultado, porque al llegar a casa y mirar el móvil vi que H. me había escrito. Era una foto de sus manos enrojecidas y llenas de callos, una recomendación de crema hidratante vegana con olor a coco y una propuesta para vernos de nuevo. A solas.

Me recogió del periódico un jueves para hacer su plan favorito de montañera urbanita: ir al parque. H. era de esa gente que entra en el Retiro con una mochila Quechua de diez litros y pretensiones de Doraemon. Tú no lo sabes, pero siempre llevan consigo un slackline, pelotitas rellenas de semillas, una baraja de Dixit y un ukelele, y solo después de haber sopesado con aire solemne la actitud de sus acompañantes, terminan sacando lo que más pereza te da.

H. solía vestir con camisetas de tirantes que dejaban a la vista unos hombros grandes y redondeados como bolas de billar, gracias a jornadas intensivas haciendo el pino en Madrid Río. Tenía los ojos del color de la orilla de una playa en Menorca, la nariz pequeña, los labios rosados y un cutis tan suave y liso que parecía que hubiera nacido antes de ayer.

Había estudiado Biología y, cuando no grababa vídeos para TikTok, se tatuaba a sí misma azaleas, equinodermos y reptiles. Tenía un tatuaje gigante de un ajolote mexicano bajando por su gemelo. La única explicación lógica que logré encontrarle a aquello es que la flora y fauna impresa en brazos y piernas fuera una nueva forma de fabricarse chuletas (veganas) para los exámenes de la universidad. Tesis que explicaría por qué la piel de todas las chicas de su generación parece un estampado de Kukuxumusu. También pensé que acostarme con ella sería lo más cerca que podría estar de meter en mi cama un ejemplar de botánica y entomología.

Creo que lo que más me gustaba de H. era su cuerpo. No porque pudiera cascar nueces con el bíceps (que también), o porque fuera posible estudiar anatomía cuando al escalar se le marcaba toda la fascia toracolumbar (también conocida como el árbol de Navidad). Lo que más me gustaba del cuerpo de H. es que H. estaba orgullosa de tener un cuerpo. No se preocupaba por encajar en un canon. No le daba miedo estar fuerte o que le creciera pelo en las axilas. Era un ser humano y no lo escondía.

Durante mucho tiempo yo me he acomplejado de tener unos brazos demasiado fuertes. Demasiado fuertes para el estándar de feminidad, quiero decir. En verano la gente suele quedarse mirándolos y tiendo a abrazarlos para esconderlos, lo cual solo empeora las cosas. En las presentaciones de curro dejé de llevar vestidos sin mangas para no parecer una vigoréxica presentando la colección primavera-verano de El Corte Inglés.

H. no se consideraba vigoréxica, pero le molaban el crossfit, la halterofilia y ver torneos de culturismo en YouTube. Con su primer sueldo como socorrista en la piscina municipal de Puerta de Hierro se fue hasta Albacete para asistir al Campeonato de España de Culturismo y Fitness.

No sé si H. se identificaba como no binaria. No se lo pregunté. Lo que sí sé es que no había necesitado leer a Monique Wittig para saber que negarse a ser mujer no significa tener que ser un hombre. Que no hay división entre sexo y género. Que la categoría de sexo no tiene una existencia a priori, anterior a la sociedad. Que lo que creemos percepción directa y física no es más que una construcción sofisticada y mítica; una formación imaginaria que reinterpreta rasgos físicos en sí mismos tan neutrales como cualquier otro, pero marcados por el sistema social. Que el sexo no es una categoría natural, sino una utilización política. Que el único motivo para clasificar un cuerpo humano en masculino o femenino tiene que ver con las necesidades reproductivas del sistema. Un sistema de explotación sobre el que se funda económicamente la heterosexualidad. Que no hay ningún sexo, solo un grupo oprimido y otro que oprime. Que es la opresión la que crea el sexo y no al revés. Que la categoría de mujer no es cada una de nosotras, sino una construcción política e ideológica que niega a las mujeres. Que la lucha de sexos es una lucha de clases. Que hombre y mujer en tanto que categorías políticas no son eternas, y que por tanto es posible salir de ellas. No ser hombre, no ser mujer.

El problema con H. era otro más básico: simplemente era demasiado pequeña. Aunque apenas nos separaban cuatro o cinco años, yo percibía aquella diferencia como un abismo. Puede que el problema fuera mío. Mi amigo P. está convencido de que nací con cincuenta, y empiezo a pensar que tiene razón. Todes tenemos una edad existencial forjada por circunstancias familiares, económicas y sociales, que no tiene por qué estar relacionada con nuestra fecha de nacimiento. Un fenómeno que explica que Pablo Motos recuerde más a un adolescente pajillero que al señor de casi sesenta tacos que es, y por qué probablemente me iría mejor en el amor si en lugar de perder el tiempo en Tinder me comprara un triquini en Cortefiel y me apuntara a aquagym.

H. estaba en ese momento transitorio entre universidad y vida adulta en que todavía puedes permitirte ser anticapitalista, pero porque no tienes pasta. Luego creces y te das cuenta de que la única forma de sobrevivir a la precariedad pasa por gastar dinero para sentir que lo tienes.

Aquella tarde en el Retiro me enseñó a hacer el pino. Jugamos al frisbee y a adivinar nuestras palabras favoritas mientras anochecía. Gracias a H. regresé a una segunda infancia en la que redescubres que las pequeñas cosas son gratis, pero a riesgo de advertir que, si en algún momento terminábamos en la cama, había fuertes probabilidades de que me tocara acunarla.

Tampoco estaba segura de qué era yo para H. ¿Una amiga? ¿Una candidata a ocupar una nueva vacante en su harén? ¿Una tutora legal? Después de varias citas, de probar el chorizo vegano del Lidl y de horas invertidas en encaramarnos al rocódromo como arácnidas y no al edredón como concursantas de *Gran Hermano*; llegué a la conclusión de que la única forma de averiguarlo sería con un cubata en la mano y Bad Bunny de fondo.

Era junio. El grupo de montañeras barajaba salir de fiesta para celebrar la noche de San Juan. Buscaban un garito nuevo: *Escape otra vez no* es una de las frases más repetidas en el repertorio de toda lesbiana madrileña. Recordé la fiesta con piscina por plaza Elíptica que me había recomendado F. y lancé la propuesta. Casi termino haciendo aquagym. Pero antes de eso, quedé con F.

Junio

Querida amiga:

La primera noche en casa de tu crush es como una boda. Puede que el objetivo sea la unión de los cuerpos, pero lo que de verdad importa es la puesta en escena. En función de la performance, aquello puede pasar a la historia como la mejor noche de tu vida o un mero trámite. Pero ¿qué pasa cuando te comparan con un asesino en serie antes de entrar en faena?

—¿Por qué no te fuiste? —insistieron las niñas, y sus entrecejos se juntaron para formar una gran arruga vertical.

Intento recordar qué excusa les di. Ellas me miraban calladas. Las cejas enarcadas, la copa de vino suspendida en el aire como si nunca fueran a beber, como preguntándome también por qué de todas las decisiones que habría podido tomar escogí aquella, y yo solo tenía una respuesta o, mejor dicho, una pregunta: ¿Había alguna manera de salir airosa de ahí?

Podría haberme mandado a la mierda. Podría haberse limitado a aceptar la disculpa, declinar la petición y seguir con su vida. Podría simplemente no haber contestado a mi WhatsApp. Pero F. accedió a una tercera cita.

Quedamos en la misma terraza de la primera vez. En el paseo del Pintor Rosales, cerca de su casa. F. se había suscrito a la newsletter y tenía muchas preguntas sobre el tipo de historias que escribía. Yo trataba de responder sin decir nada que pudiera comprometerme. Tenía mucho miedo de cagarla otra vez.

El bar cerró y subimos a su casa, un piso exterior de dos habitaciones por Argüelles que F. compartía con un compañero aficionado a los vídeos de ASMR. También tenían un gato siamés que de vez en cuando sufría brotes psicóticos y atacaba a la gente. Básicamente lo que hacen todos los gatos. Abrimos un par de birras, F. sacó una bolsita de CBD y nos sentamos en el balcón.

Cuatro horas más tarde habíamos concluido un prolijo intercambio de árboles genealógicos, historiales clínicos, terrores existenciales, tertulia de actualidad política incluida, pero sin habernos enrollado, y yo empezaba a dudar de que tuviera interés por mí. Aunque lo cierto es que F. podría haberme metido la lengua hasta la campanilla, que todavía seguiría haciéndome la misma pregunta.

F. hablaba de su pasión por las novelas de Agatha Christie y los documentales true crime de Netflix mientras que yo recreaba diferentes escenarios en los que plantarle un beso, pero todos los multiversos de mi mente chocaban contra una mesa plegable interpuesta entre nosotras. Al final F. interrumpió mi diálogo interior preguntando si pensaba pedir un taxi o me quedaba a dormir. Eran las cuatro de la mañana. Respondí que prefería quedarme y fuimos a su habitación.

Aquello empezaba a resultar incómodo. Ninguna daba un paso. No había señales de acercamiento. En lugar de quitarme la ropa, F. me prestó un pijama azul con cucuruchos de helado rosas, y para cuando quise darme cuenta éramos dos desconocidas tumbadas boca arriba de madrugada, preguntándonos en silencio qué habíamos hecho mal para no estar follando. Supongo que habíamos alcanzado el clímax de toda relación.

F. soltó una frase tonta para romper el hielo. Ni siquiera recuerdo cuál. Me limitaba a sonreír en silencio, petrificada por la incomodidad del momento. Entonces F. se giró hacia mí, me clavó sus ojos verdes y dijo: ¿Sabes? Creo que tienes gestos de psicópata.

Si había un momento para lanzarse a besar a F., desde luego no era ese. Cuando alguien te dice que tienes gestos de psicópata (el clásico momento-psicópata en la vida de toda persona), tienes dos opciones: dejar de serlo o empezar a parecerlo. Estudié en silencio mis posibilidades, ¿qué habría hecho una psicópata en mi lugar?

Cualquiera en su sano juicio se habría levantado de la cama, cogido todas sus cosas y salido pitando de allí. Pero era demasiado tarde: estaba pillada. Si me iba, no volvería a ver a F. (que acabara de ponerme a la altura de Jeffrey Dahmer no parecía ser una razón de peso para emprender la retirada). En lugar de eso, le di las buenas noches y me quedé inmóvil, como una psicópata con síndrome de Estocolmo.

No pegué ojo en toda la noche, pero no fue por aquel episodio. Tampoco por el calentón de tener a F. tumbada a solo unos centímetros de mí. En el conticinio, esa hora en la que los servicios de recogida de residuos del ayuntamiento dan por terminada su labor de aporrear contenedores y por fin reina el silencio, empecé a escuchar pasos.

Era un sonido quebrado, un crujido intermitente contra el parqué que recorría la habitación de forma pausada. Tardé un rato en identificar la sombra del gato siamés con brotes psicóticos, mi única compañía en vigilia. El gato saltaba de un lugar a otro, se paraba, arqueaba el lomo y reanudaba el paso. Volvió a detenerse y, como si fuera consciente de que lo estaba mirando, se giró hacia mí. Toda la noche tuve aquellos ojos apuntándome a la cara, iluminados como dos espejos ciegos.

En ese momento no lo sabía, pero mi historia con F. se iba a parecer bastante a tener un gato en casa; una relación forjada en el refuerzo intermitente con un ser al que perdonar cualquier fechoría, cualquier desprecio a cambio de un ronroneo fugaz.

F. pasó a ser conocida en mis círculos como «la Psicópata». Nadie sabía su verdadero nombre. Aquel apodo se apoderó de ella y su identidad empezó a fraguarse en torno a un juicio, a su propio juicio, como un efecto espejo. En cuanto a mí... ¿Es peor ser una psicópata o terminar pillada por una?

La noche de San Juan

Querida amiga:

La noche de San Juan es una excusa más de les alicantines para dar rienda suelta a sus genes pirómanos. Al anochecer sacan los pareos estampados con mandalas, una botella de Negrita y, cuando están en la nota, saltan alrededor del fuego como indies yanomami. En Galicia la ceremonia es la misma, pero como van de místiques te venden que han abierto un portal al más allá asando cachelos y sardinas (teniendo en cuenta la de farlopa que les llega en lancha, es normal que lo piensen), y en Soria se dedican a pisar brasas descalces, como si no tuvieran bastante con vivir en Soria.

Los rituales no son exclusivos de España, pero mientras que aquí no se nos ocurre nada mejor que sentarnos junto a una hoguera en pleno junio, en el norte de Europa festejan el Midsommar haciendo cosas terroríficas, como bailar en círculo disfrazades de tiroleses y perpetrar sacrificios humanos. Con ese clima yo también me presentaría voluntaria.

En Madrid, a lo sumo puedes prender una hoguera con un contenedor. Eso, o buscar refugio en algún garito donde sepas que no habrá nostálgiques de Mägo de Oz que te den la brasa con la fiesta pagana. Les licántropes del folclore están por todas partes. Tú estás tan tranquila en un bar, rodeada de gente aparentemente normal, hasta que suena una melodía diabólica de violines estrellándose contra un cementerio celtíbero, y aquella pava sentada a tu lado con pinta de consultora de Deloitte golpea la mesa y su copa de verdejo se metamorfosea en un cáliz de arcilla que levanta gritando: *Ponte en pie, alza el puño y ven, a la fiesta pagana, en la hoguera hay de beber*; coreada por una horda de soldados gaélicos en traje de Emidio Tucci que hace un rato mantenían un encendido debate sobre los KPI financieros del último trimestre fiscal.

En mi caso, busqué asilo político en la Tropi con H. Mi plan había gustado y conseguimos reclutar a una decena de montañeras. Era la primera vez que salía de fiesta con ellas, y la idea de un jangueo rodeada de chavalitas nacidas en los albores de los 2000 me hacía sentir como una monitora scout preguntándose qué hace a sus treinta y siete tacos en medio de la sierra de Guadarrama, luchando contra un ejército de hormigas que tratan de darse un festín de macarrones en el fondo de una olla industrial; o como la nueva profe de inglés en el viaje de fin de estudios de segundo de bachillerato, haciéndose la misma pregunta, pero en Salou y mientras una tribu de británicos pieles rojas la acorralan coreando Danza Kuduro con acento de México.

La Tropi es una fiesta cuyo nombre detona una legítima carcajada en quien lo escucha por primera vez, y que seguro que se le ocurrió a une ex publicista de Fanta de vacaciones en Cancún, mientras sorbía ruidosamente un cóctel del todo incluido con nombre de prostíbulo, con una camiseta de Pura vida y sintiéndose más exótique que nunca por estar escuchando una playlist de Bomba Estéreo.

En fotos, la Tropi tiene pinta de fiesta universitaria de Florida. Su Instagram se compone de un desfile de collares hawaianos, jóvenes de sonrisa y cutis impecables saltando en una piscina tobillera de aguas turquesas, hileras de banderines color pastel atravesando el cielo y varios palets reutilizados con fines absurdos, porque no hay nada más underground que un armazón de madera desconchada colgado de la pared. La realidad es muy diferente.

Basta con imaginar a un grupo de jóvenes en plena crisis de los treinta, meterles en un autobús suburbano con un puñado de purpurina y soltarles en el kilómetro 91 de la A-3 con una piscina hinchable. Eso es la Tropi; la combinación perfecta de una estación de servicio de Castilla-La Mancha, un Happy park y el clímax de la boda de tu prima (cuando la degradación de les invitades alcanza cotas históricas y le DJ se arranca a pinchar hits de Camilo Sesto).

El gran punto fuerte de la Tropi es que la fiesta termina a medianoche, por lo que a la una y media ya puedes estar echándote el retinol del midnight skin routine con el perreo hecho y toda la mañana del domingo por delante. La fantasía de la adulta funcional.

H. me dijo que estarían por allí a partir de las siete. En la puerta había un cartel de CHURRASCARÍA sobre la imagen de un toro de Osborne gigante con las letras *Baby Beef* tatuadas en el lomo. Al lado, unas pistas de tenis. Nada más entrar me embistió una vaharada de carne a la brasa. El olor a churrasco envolvía el ambiente e impregnaba la ropa, lo que me hizo recordar que H. era vegana, y que si aquello era a les veganes lo que el humo del tabaco a les fumadores pasives, H. tuvo que atravesar el interior del bar aguantando la respiración para no sentir que acababa de salir de un rodizio porteño después de hincarse cuatrocientos gramos de res y varias chuletas de cordero.

El interior de la Tropi luce como un bar de carretera. A mano izquierda hay una hilera de mesas y bancos de madera estilo country donde confluye el llanto de chiques en pleno tropidrama con obreros terminándose un pepito de ternera y niñas con vestidos chillones y coronas de plástico celebrando su quince cumpleaños rodeadas de familia y sexy chambelanes. Al final de la noche, les camareres sacan bandejas repletas de yuca y plátano frito con las sobras del rodizio y las reparten entre los estómagos vacíos de una muchedumbre ebria.

En el centro del local, la barra metálica hace las veces de espejo en el que cotejar la tasa de alcoholemia cada vez que pides una copa. Entre uno y otro ambiente es habitual toparse con estatuas a tamaño real de faraones y ninfas griegas con las que una no puede evitar retroceder a la Alejandría de Cleopatra y Julio César.

Justo antes de salir a la terraza hay un mostrador en el que podrían vender cuñas de queso manchego, miguelitos de la Roda o cuchillos de Albacete. En lugar de eso ofrecen una colorida selección de cachimbas. Por todo ello, la Tropi me pareció un lugar mágico donde celebrar el comienzo del verano.

Mi misión era dar con H., presumiblemente contoneándose con las tropiamigas, pero solo alcanzaba a ver un mosaico de camisas fluorescentes con estampados geométricos y vestidos veraniegos bajando hasta el suelo.

A mi izquierda, una montaña de zapatos y sandalias del tamaño del Mulhacén ocupaba buena parte de la pista de baile. Lo mismo H. se había calzado las barefoot y unos bastones y estaba haciendo hiking entre las Nike Airforce One y las menorquinas. Sus dueñas se los habían quitado para entrar en la tropipiscina: un charco de aguas tobilleras. Retrocedí a mi infancia de cumpleaños con sándwiches de nocilla y gusanitos naranjas. Pero en lugar de niñes saltando y haciéndose pis en una piscina de bolas, había peña casi en bolas saltando en una piscina para niñes cuya agua, probablemente, ya no fuera agua.

Después de dar una tropivuelta, logré encontrarla: H. y sus bichotas estaban perreando al lado de las típicas sillas metálicas que te da miedo arrastrar por no provocar un terremoto, y cuya diseñadora sufría de problemas de audición.

Una de las amigas de H. era la némesis de Romeo Santos a causa de una cruzada declarada contra la bachata. Por algún motivo que no alcanzo a comprender, se empeñó en tratar de averiguar dónde vivía para venir a tirar piedras a mi ventana. Como si fuera Romeo, pero el cursi.

Otra dedicó un buen rato a enseñarme a hacer twerk, y eso pese a padecer una hernia discal. Después de media hora disociando las caderas, tuvo que sentarse, y así pasó el resto de la noche. Excepto cuando sonaba Don Omar que, como todo el mundo sabe, tiene la capacidad de ejercer un efecto analgésico sobre el nervio ciático.

Por último, un grupo grande de bibolleras con vibes del Viñarock habían colado una botella de tinto del súper con la que planeaban fabricar calimocho. No me acerqué por temor a que sacaran la gaita y se arrancaran a cantar Mägo de Oz.

De todo el harén hubo una chica que sí me gustó. Tenía el pelo naranja quemado, los ojos del color de un río turbio en el que se refleja el sol y una mamba negra enorme tatuada en un costado. Era la ex de H. Supongo que el tatuaje se lo hizo H. mientras repasaba para el examen de reptiles de la uni.

Las amigas de H. estaban obsesionadas con ir al baño. Lo hacían cada veinte minutos, en grupos de dos o tres. Al principio pensé que debían de sufrir incontinencia urinaria, porque siempre volvían muy contentas, como cuando te aguantas el pis mucho tiempo y por fin lo sueltas. Luego ya no lo pensé más.

Básicamente formaban parte de esa nueva generación de jóvenes saludables que beben kombucha, desayunan porridge y luego lo neutralizan metiéndose bien de anfetas en los festivales.

Ahí estaba H., bebiendo Nestea con La Factoría de fondo. Llegué a plantearme si ser vegana puede convertirte en planta. Mientras las demás bailábamos, H. permanecía inmóvil, supongo que haciendo la fotosíntesis. No sabía si comprar un macetero del Verdecora, recomendarle una ruta de la sierra de los zapatos o montarle allí mismo el slackline entre dos sillas metálicas y ser testigo de un seísmo magnitud siete.

Al final no hice aquagym. Le pregunté a H. si le importaba que me acercara a su ex. Me dijo: ni te rayes tía, soy poli.

Menos follar, hicimos un poco de todo. Se juntó que la ex era extremadamente competitiva con que yo aprovecho para sacar bíceps a la mínima oportunidad, y organizamos unas tropiolimpiadas con torneo de pulso, flexiones y sentadillas. Todo ello bajo la atenta mirada de H., que desempeñaba el papel de árbitra. Había tanta testosterona en el aire que lo mismo acabamos polinizándola.

A las once de la noche llegué a la conclusión de que solo conseguiría entrar en contacto con fluidos humanos si entraba en la piscina, y como nadie me aseguraba no salir de ahí embarazada o con una enfermedad venérea, me metí un plátano frito en la boca y opté por una retirada a tiempo.

Algunas semanas más tarde, estaba tomando algo con H. cuando sacó el tema:

—Ay, ¿sabes qué? La noche de la Tropi quería liarme contigo.

Lo dijo entre risas, como si fuera una posibilidad remota, descartada por absurda. Ah, ¿sí? Dije, bastante sorprendida.

—Sí, sí. Pero nada, al final hice un trío con mi ex y otra amiga.

Supongo que en realidad la planta era yo.

I

Iconoclasta, Inverted split, Ilusionismo

Hay dos grandes momentos en la vida en los que una se enfrenta a la traición de las imágenes: al entrar en McDonald's y al abrir Tinder. La teoría a la que Magritte dedicó buena parte de su obra (que realidad y representación no son la misma cosa) ya es posible constatarla a diario en los bodegones del siglo XXI.

Pero mientras que nadie en la historia se ha llevado una sorpresa al comprobar que su hamburguesa no se correspondía con la del anuncio, en Tinder te llevas un chasco cada vez que tu match no se parece a la de las fotos. Tenemos claro que Ceci n'est pas un Big Mac, pero nos negamos a pensar lo mismo de nuestro match.

Por eso, cuando vi a I. sentada en la terraza con una cerveza, supe que era ella y, al mismo tiempo, tuve claro que no.

Yo había decidido aprovechar el verano para salir de Madrid, ser una buena hija y visitar a mi padre y a mi madre en

Murcia, con la salvedad de que mi padre y mi madre habían decidido ser un buen matrimonio e irse de viaje sin su hija. Mis amigas de infancia también habían huido a la playa, así que me vi sola, asada de calor y con mucho tiempo libre. El cóctel perfecto para prenderle fuego a Tinder.

En fotos, I. tenía los ojos azules y una luz triste en la mirada. El pelo rubio, despeinado en ondas surferas, y un cuerpo de escándalo que exhibía en posturas acrobáticas tan absolutamente sensacionales como poco prácticas: desde un flic flac hasta una apertura en spagat o el inverted split en equilibrio sobre un taburete. Dura y flexible como un espagueti al dente.

Antes de la cita, apenas no hablamos. Hace tiempo que mis conversaciones por Tinder son más frías que un chat de Wallapop. Desde que aprendí la lección con E., procuro chatear lo mínimo para no idealizar a desconocidas. Y, ¿sabes qué? Da igual. Por mucho que te empeñes en dejar huecos en blanco, tu mente siempre estará lista para el boicot: cuando quedas, ya se ha encargado de armar un match platónico a imagen y semejanza de dios sabe quién, con el que ahora tu cita tendrá que echarse un pulso.

I. seguía siendo rubia de ojos azules, pero lo que yo percibí como una luz triste en su mirada era más bien pasotismo crónico. Tenía nariz de boxeadora y, aunque su cuerpo era igual de atlético que en las fotos, los gestos le arrebataban toda gracilidad, confiriéndole un aire tosco. El resultado era una mezcla del talento de Tania de acroyoga con la elegancia de Pocholo.

I. me contó que trabajaba en un circo, lo que resolvía el misterio de por qué podía hacer origami con su cuerpo. Su especialidad eran los saltos y las acrobacias, aunque también se defendía como malabarista. Creo que nunca una profesión me había generado tanta admiración y desinterés al mismo tiempo.

A decir verdad, el circo siempre me ha parecido un espectáculo soporífero, lleno de gente rara que trata de llamar tu atención a toda costa y donde reír es un acto al que cedes por presión social. Más o menos lo mismo que ocurre cuando vas a ver un monólogo a la Chocita del loro.

Con los años, las carpas arlequinadas han ido desapareciendo de la periferia de las ciudades. En su lugar, la salida más prometedora para el personal circense de nuestros días es calzarse una media en la cabeza y hacer petting vestidos de monja en Medias Puri, o terminar en *Tú sí que vales*, a sabiendas de que tu número no es más que una excusa para justificar que el verdadero espectáculo grotesco lo dan les payases del jurado.

Durante la cita me sentí bastante cómoda (todo lo cómoda que puedes estar cuando sabes que tu match podría aplastarte con el deltoides). Pero eso fue antes de que me hiciera *la* pregunta.

La peor pregunta que puede hacerte un match que no te gusta no es si subes a su casa a tomar la última, sino si crees que se parece a la de las fotos. Hasta ese momento, yo vivía consolada por la certeza de que hay una regla no escrita que prohíbe ese tipo de cuestiones para ahorrar homicidios involuntarios.

Por eso cuando, a mitad de cita, I. me preguntó si se parecía a la de su perfil, me puse nerviosa y respondí que sí, pero que no pasaba nada.

Descubrí que, en lo que respecta al show de las apariencias, en Tinder hay dos clases de matches: las del efecto halo (saben sacarse tanto partido como Dulceida, aunque su belleza sea igual de insustancial) y las del síndrome *Coqueto, mejor ver* (puede que tengan potencial, pero no le sacan rendimiento).

Si en *El Capital* Marx habla del fetichismo de la mercancía para explicar la personificación de la mercancía (cómo en el sistema capitalista la mercancía adquiere vida y un valor fetiche desvinculado de su origen real), en Tinder pasa algo parecido con el fetichismo de los matches: la representación cobra vida y se consume de forma aislada, más allá de la persona.

El valor del match se desliga del ser y queda subordinado a la interpretación que otras hagan de una imagen. Y cuando la imagen consumida no se corresponde con la realidad, entra en escena el engaño fetichista: la ruptura de la ilusión de consumo y su representación vacía, y una solo quiere que le devuelvan el dinero.

Tomamos un par de cervezas, le dije que se me hacía tarde y nos despedimos. No tenía sentido alargar aquello, pensé, y la soledad que me esperaba en casa empezaba a parecerme un plan increíble. Tampoco le pedí feedback sobre mi perfil. Prefiero experimentar la misma sensación que una hamburguesa del McDonald's a punto de ser servida.

Julio

Querida amiga:

Cuando mi amigo D. me avisó de dónde me había metido, el barro me llegaba por las rodillas:

—Olvídate de ella, no te conviene, zanjó mientras apuraba una lata de Mahou.

Después de D. fueron P. y M., y también la otra M., y finalmente las niñas, aunque a esas alturas el barro ya lo inundaba todo y yo apenas alcanzaba a estirar el cuello, alzando la barbilla al cielo para gritar con voz engolada: no os preocupéis ¡Estoy bien!

La historia que les había contado era la de F. Una historia que terminaba conmigo saliendo de su piso con un diploma de psicópata bajo el brazo. No volvimos a vernos, pero no conseguía quitármela de la cabeza. Era un pensamiento circular, F. rebotándome por dentro igual que un insecto que busca achicharrarse al chocar una y otra vez contra los bordes de un tubo incandescente.

Llegaron las vacaciones y seguimos hablando por WhatsApp. Unas veces, F. respondía. Otras, no. ¿Qué tal fue la Tropi? ¿Te gustó? Me preguntó después de la noche con H. y sus amigas. Le enviaba un audio y nunca más respondía. ¿Sales por el Orgullo? Le pregunté. Yesss, pero todavía no sabemos dónde, ¿y tú? Le contesté que al Fula y ahí acababa la conversación. F. mostraba interés, pero no mucho, y empecé a sentirme como un ratón de la caja de Skinner, tirando de palancas sin orden ni concierto en busca de una reacción.

Cada vez que la conversación llegaba a su fin, me limitaba a esperar. No sé bien el qué. Una excusa para volver a escribir, que a ella le entraran ganas de responder, que pasara el verano y a mí me entraran ganas de olvidar.

—Hay gente que habla contigo y gente que solo te responde —dijo R., y puso esa cara que suele tener la gente, entre la complacencia y el desencanto, después de haber dicho algo trascendente sin un apuntador o público que aplauda.

R. tenía razón. F. no hablaba conmigo, pero yo vivía bajo la ilusión de mantener una conversación con ella. Un intercambio que avanzaba con la inercia de aquello que repetimos una y otra vez con la esperanza de que un día dé el resultado deseado y la secreta certeza de que jamás ocurrirá, como comprar un décimo de Navidad, usar pasta de dientes blanqueadora o votar a Sumar.

Nunca tuve claro si lo que realmente le interesaba a F. de mí era yo misma o mis historias, y creo que F. nunca tuvo claro si a mí me interesaba ella o escribirlas.

—Es que no lo entiendo, ¿qué es lo que te gusta de ella? —preguntaba N.

Si dijera que eran sus ojos o la forma de decir mi nombre después de cada frase, probablemente quedaría como una gilipollas que encima aguanta que la llamen psicópata. Así que no decía nada. Me encogía de hombros y fingía no saber.

No creo que hubiera una explicación racional. Los amantes son una fábula original, no un objeto de apreciación objetiva, decía Lou Andreas-Salomé, la filósofa que destrozó a Nietzsche y dejó para el desguace a su Superhombre.

Mi fijación por F. no era el resultado de una elección. Era un misterio, una inclinación involuntaria que me había elegido a mí. No era algo en ella, sino algo que ella despertaba. Una punzada animal que se me clavaba a ratos en la columna, a ratos en el bajo vientre, cuando me miraba seria con los ojos muy abiertos y los labios fruncidos le marcaban los pómulos. Pero había algo más profundo, algo que yo no sabía de F. y creía intuir y que me arrastraba al fango.

En el amor, amamos un objeto perdido, afirmaba Freud para tratar de explicar por qué nos conmovemos ante detalles mínimos y aparentemente irracionales.

Al cabo de algunas semanas caminando entre charcos reuní algo de valor y le escribí un mensaje. Quería volver a quedar. Entonces F. soltó la bomba: Estoy conociendo a alguien, así que no creo que sea buena idea que nos veamos, dijo, y sus palabras penetraron en el barro, y el barro se endureció.

De repente todo encajaba: el interés medido, las respuestas ambiguas, las desapariciones. Decidí que lo mejor que podía hacer a esas alturas era retirarme. Game over. Era hora de pasar página y salir de ahí con la poca dignidad que me quedaba.

No sirvió de mucho. No hay nada como tomar una decisión para que la vida te demuestre que ser soberana de tus elecciones no te hace dueña de la realidad. Como hacer la maleta para viajar a Galicia en verano: por meter un vestidito suelto no va a hacer buen tiempo, y elegir olvidar a una persona no garantiza su desaparición. Pero esa es otra historia.

J

Juan Ramón Jiménez, Jenética, Jéminis

Una tarda un rato en darse cuenta. Transcurrido un tiempo prudencial, el número de perfiles en Tinder es directamente proporcional al parecido que empiezas a encontrarles. Las facciones, el paisaje, la frase hecha y hasta las gotas de pasta de dientes en el espejo del baño encarnan una realidad colectiva disfrazada de individualidad. Como una colección de trampantojos que, en su intento por diferenciarse, ocultan lo mismo (un muro, un miedo), recordando aquello que David Foster Wallace ya sugirió en *La broma infinita*: Que todo el mundo es idéntico en su secreta y callada creencia de que en el fondo es distinto de todos los demás.

Era verano. Después del mensaje de F. solo quería encerrarme en casa y desaparecer. Y ahí estaba, apalancada frente al ventilador, en curiosa composición de Pietà contemporánea donde yo hacía de Cristo y mi sofá de Pietà. Las gotas de sudor me resbalaban por el escote y yo las confundía con hormigas. Días antes había salido por el Orgullo con la esperanza de encontrarme a F. No pasó. Lo único diferente era que no había vuelto a abrir Tinder. Hasta ese momento.

Como fumar, entrar en Tinder no es una decisión, sino una consecuencia. Durante años reniegas de ello, hasta que una noche tonta acabas cediendo a la presión social y lo pruebas entre la aversión y el escepticismo. Hoy podría decirse que es tu relación más larga, y también la más tóxica: desearías dejarla con todas tus fuerzas, pero siempre acabas volviendo. Aunque te cueste reconocerlo, es un vicio malsano que ameniza tu existencia.

Al principio me tomé aquello como un sustituto del tabaco con el que neutralizar el exceso de tiempo muerto sin pillar un cáncer. Eso fue antes de concluir que puede que Tinder no sea cancerígeno, pero sí el germen de una patología social que dentro de unos años saldrá a la luz en un estudio del Instituto de Massachusetts que acabaremos leyendo en Reddit.

Media hora después de la recaída, ya estaba consumiendo pitis y matches a partes iguales, más dispuesta que nunca a contraer todos los males del universo con tal de alimentar la ilusión de que había más mujeres en el mundo, y puede que hasta con aire acondicionado en casa. Le habría pasado el dedo por la cara a unas cincuenta chicas cuando apareció un rostro familiar. Detuve el índice: era J.

Conocía a J. De pequeñas íbamos juntas a clase y veraneábamos en Campoamor. J. era la chica más popular de la pandilla de la playa. En clase también, pero en la playa todos los chicos iban detrás de ella. Especialmente el francés, que era el más feo, pero era francés y eso lo hacía exótico. Nuestro día a día consistía en fabricar pulseras con cuentas de colores que luego vendíamos a les mayores para comprar algodón de azúcar en la feria, y en planear guerras de globos de agua contra las urbanizaciones vecinas. Nuestra urbanización olía a matacucarachas. Una vez el francés meó en un globo de agua y lo tiró desde la azotea. Después jugamos al conejo de la suerte y J. y el francés se dieron un pico. Fue romántico. Perdimos el contacto. Mi padre y mi madre vendieron el apartamento y me mudé a Madrid. Diez años más tarde descubría con sorpresa que coincidíamos en otra ciudad, pero en la misma acera.

J. era dentista. En su perfil aseguraba tener licencia para sacarte una sonrisa, aunque lo que a mí me sacó al leerlo fue más bien una mueca.

El gran error al entrar en Tinder por primera vez es ~~entrar en Tinder~~ pensar en tu perfil como en un espacio en blanco donde todo vale. Como presidir Ciudadanos o que te toque tu jefe en el amigo invisible, rellenar la bio es una de esas pruebas de la vida donde no tienes nada que ganar, solo puedes perder.

Puede que las fotos te garanticen el like, pero es en la bio donde te juegas el *nope*. El secreto infalible del éxito pasa por combinar la regla básica de todo buen CV (menos es más), con la primera parte de la Advertencia Miranda (Tienes derecho a permanecer en silencio. Cualquier cosa que digas podrá ser utilizada en tu contra).

Decidí pasar por alto la frase de J., consciente de cuántos de mis rollos de discoteca no habrían prosperado de haber abierto la boca. Afortunadamente, les señores de la noche saben que reventarte el tímpano es un mal menor comparado con el bajón de libido posterior a una frase ingeniosa. Por eso (y por la nostalgia de una adolescencia en común) deslicé a la derecha. Hicimos match y empezamos a hablar.

A J. le gustaba el Hot bingo del Fulanita, las frases con doble sentido picante y las faldas animal print, cuyo estampado constituye un vórtice espaciotemporal que logra unir a los últimos reductos de la contracultura todavía consagrados a la prenda: punkis de montaña, Alaska y mi madre.

J., en cambio, era una víctima del wellness; una secta simbiótica del tardocapitalismo cuya filosofía consiste en ir siempre vestida como si estuvieras a punto de entrar a yoga (salvo si vas a yoga, ocasión en la que aprovechas para vestir como si te hubiera raptado una comunidad budista de Nueva Delhi), seguir a Carlos Ríos por Instagram y tener escrito *Que todo fluya, que nada influya*, en un imán de frigo sosteniendo un estricto calendario de dietas. Aunque la verdadera prueba de que estás delante de una acólita del culto al cuerpo es que es capaz de resumir todo lo anterior en una frase: Me gusta cuidarme.

A primera vista, J. me pareció una tía atractiva. El problema es que lo único que teníamos en común eran los pitis y una homosexualidad canalizada a través de Tinder. Aficiones que sin duda nos habrían llevado lejos una noche de sateo, pero poco más.

J. y yo no éramos más que dos caras conocidas a la deriva en medio de un mar de extrañas y, por mucho que deseáramos amarrarnos a la otra para sobrevivir a la hostilidad de Tinder, aquella amistad de infancia no era suficiente. Si tan solo fuéramos un poco diferentes para parecernos más, pensé, como si aquello fuera posible.

Sucedió semanas después. Estaba deslizando perfiles distraída, cuando volvió a ocurrir: el mismo pelo rubio y largo, planchado en caída vertical; los ojos azules con tendencia al enrojecimiento, la cara alargada; la misma distancia entre el final de la nariz, fina y salpicada de pecas, hasta la boca, cuyo labio superior se estiraba en una curva que dejaba entrever una hilera de dientes perfectamente alineados. El cuello, los hombros, el pecho… Era la viva imagen de J., salvo por un lunar bajo el ojo izquierdo que ella no tenía, y un pequeño detalle: aquella chica no se llamaba J.

K

Karl Jung, Karol G

No fue el lunar bajo el ojo izquierdo ni el piercing en la nariz. Tampoco el flequillo recto y largo, enredándose en las pestañas, lo que me hizo ver que no se trataba de J. De pequeña solía recurrir a detalles insignificantes, como una diadema de color diferente o una inicial grabada en una gargantilla de comunión, para no confundir a dos seres idénticos con identidades todavía imprecisas. No hizo falta. La teoría de la tabula rasa de Locke (que nacemos sin cualidades innatas y que estas solo aparecen con la experiencia) se materializaba ahora en dos cromos de Tinder. No había que buscar las siete diferencias para constatar de un vistazo que J. y K. eran dos versiones radicalmente distintas de la misma persona.

Lo único que no podían evitar tener en común era su fisonomía y astrología: J. y K. eran gemelas y géminis. Pero si J. era una víctima del wellness, K. había sido abducida por el mindfulness, una secta contemporánea importada de la

India por algune CEO de Silicon Valley que fue a explotar minas de litio y regresó descubriéndose a sí misme, y que ha logrado penetrar en Occidente básicamente porque nadie la entiende muy bien pero es fácil de secundar, ya que consiste en sentarse en el suelo a escuchar vídeos de lluvia en YouTube y hablar bajito como si estuvieras hasta las cejas de Valium.

A diferencia de su hermana, que presumía de tener licencia para sacar sonrisas y un abdomen plano, K. era psicóloga y estaba volcada en el cultivo de la psique, afición que resaltaba en su perfil de Tinder con aquella famosa frase de *Martín (Hache)*: Yo hago el amor con las mentes, hay que follarse a las mentes. Yo con el cuerpo me conformo, pensé, pero aquella parecía una excelente razón para llegar con la mente muy abierta a las citas.

Mi primer impulso, sin embargo, no fue deslizar a la derecha (chorprecha). En lugar de eso, me agobié y cerré la app con la esperanza de que, al volver, K. se hubiera esfumado. Vale que ligar con varias desconocidas a la vez sea la tónica general en Tinder. Vale que la endogamia sea el éter que nos envuelve a las lesbianas en esta nuestra microgalaxia, pero ronear a la vez con dos gemelas excedía los límites de la poca moral que me quedaba a esas alturas.

Cada vez que abría Tinder, K. saltaba al cabo de dos o tres perfiles, como una presa reclamando ser capturada, y yo soltaba el móvil de inmediato por miedo a dar en el blanco. Entonces esperaba un tiempo prudencial inversamente proporcional a mi aburrimiento, y entraba de nuevo a probar suerte. Una actitud que rozaba la ludopatía, y con la que podría haber terminado como una de esas octogenarias de

Las Vegas; esperando paciente el jackpot de la tragaperras, con el bíceps hinchado de tanto tirar de la palanca, el rastro de una gorra de la Warner deformándole el cogote y un piti cosido al labio inferior.

Un día ocurrió. Como si no hubiera estado esquivando aquel momento con todas mis fuerzas, abrí Tinder, K. apareció, deslicé a la derecha e hicimos match. Así de fácil. Todo el esfuerzo de semanas resistiendo a la tentación tirado por la borda en un nanosegundo en el metaverso. Fue un impulso lo que me movió, tal vez por la misma razón que te empuja a comprar la enésima camiseta básica blanca del Zara: por si acaso. Por eso, y porque necesitaba sacarme de la cabeza a F. cuanto antes.

Aunque no habíamos vuelto a hablar, F. había logrado abrirse un huequito en mi mente. Una butaca lejana y con visibilidad reducida desde la que tarareaba en la distancia.

Soy consciente de que, cuando las niñas me aconsejaron hablarlo con la psicóloga, no se referían precisamente a tener una cita con una. Pero no perdía nada por intentarlo, así que aproveché que no había un alma en Madrid para proponerle vernos.

Como no queríamos convertirnos en la primera cita Tinder que termina en muerte por insolación, decidimos esperar a que cayera la noche. K. me esperaba sentada en una terraza por Goya. Habrían pasado más de diez años desde la última vez que coincidimos, y verla fue como cruzarse con una desconocida cuya cara te suena (y a la que no sabes muy bien si saludar).

K. llevaba vaqueros pitillo, una blusa fruncida de flores que le descubría las clavículas, bolso acolchado de Tous y unas Victoria rojas sin cordoneras. No quise preguntarle qué llevaba dentro del bolso por miedo a que sacara una agenda de Jordi Labanda.

Cuando la abracé, me embistió una bocanada de Don Algodón y váper de sandía. K. era una pija redimida, una clase social venida a menos que llegó a constituir la pequeña burguesía de la hora del recreo, y a cuyas integrantes es fácil identificar porque siempre portan vestigios de su edad dorada que les recuerdan que cualquier tiempo pasado fue mejor, que desarrollaron una artrosis temprana derivada de cargar con siete kilos de pulseras en cada muñeca y que hoy tratan infructuosamente de encontrar su sitio en el mundo. Un lugar entre Izal y Dani Martín.

Me pedí un tercio y ella un tinto de verano con Fanta de limón. Hacía un par de meses que había empezado a pasar consulta en un gabinete, y entre sorbo y sorbo me fue contando las bondades de la Gestalt, terapia que practicaba y cuyo principal logro ha sido convencer a toda una generación de jóvenes precarizadas de que la solución para lidiar con la ansiedad pasa por gastarse sesenta pavos por una hora sentadas delante de una silla vacía.

Aproveché para saciar mi curiosidad con todo lo que siempre quise saber sobre psicólogues y nunca me atreví a preguntar, como qué ocurre si te bloqueas en plena sesión, o si también les psicólogues van a terapia (y si no es frustrante pagar por algo que tú misma sabes hacer y por lo que ya te pagan). Me respondió que lo hacían por la misma razón por la que une peluquere va a que le corten el pelo: porque hay rincones de la cabeza a los que una sola no llega.

Creía que la conversación iba bien (bien en el sentido de que había logrado coger los mandos y lanzar muchas preguntas, mecanismo preventivo para evitar hablar de mí misma), hasta que K. dio un volantazo para soltar la bomba que se había estado guardando toda la cita: ¿Por qué nunca le diste una oportunidad a mi hermana?

Me lo preguntaba con un poso de resentimiento, como si de alguna forma compartiera aquella afrenta con J. Solo entonces descubrí que ella había sido la artífice del perfil de su hermana, y de aquella frase ingeniosa con la que presumía de licencia para sacar sonrisas.

Miré a mi alrededor en busca de un botón de eject que dejara vacío el diván en que se había convertido mi silla, pero afortunadamente el camarero llegó con la cuenta y pagamos, la única manera de salir de consulta.

Aquel verano, K. y yo terminamos enrollándonos. Habría sido un excelente salseo que contar a las niñas, y sin embargo no fui capaz. Tardé semanas en soltar prenda y, cuando al fin lo hice, la historia se parecía más a la confesión de un crimen que a un amor de verano. En esta ocasión no hizo falta que hablara con mi psicóloga para saber que la estrategia para borrar a F. había sido un fracaso. Ya lo dijeron Karol G y Shakira: *Es como tapar una herida con maquillaje: no se ve, pero se siente*. Bonita metáfora. Por lo menos me ahorré una sesión de terapia.

L

Libido, Látex, Liberalismo

Les jóvenes de ahora, ¿folláis menos que antes? La pregunta la hacía un director de cine mientras pedíamos una de rabas en un bar de Bilbao. Mi amiga M. me había llevado a un ciclo de documentales por tierras vascas, y terminamos yéndonos de cañas con ponentes y gente del equipo, que es el propósito que subyace tras cualquier convocatoria de índole cultural (aunque ya sabemos que el auténtico fin detrás de toda acción es el sexo, como dijo Residente).

Follamos menos, pero mejor, se apresuró a responder una chica del grupo, y casi se me sale el txakoli por la nariz. Días antes habíamos hecho match en Tinder y, que yo sepa, no estábamos follando. Ni mejor ni peor. Nos habíamos quedado atascadas dándole vueltas a la teoría, en lugar de ponerla en práctica dándole vueltas en la cama. Como si tirarse una noche hablando sobre sexo convalidara por un polvo.

La pregunta ha vuelto a mí en más de una ocasión. En

debates con amigues, heteros y del colectivo, e incluso con alguna cita.

Veamos. Soy joven. Está bien, soy bajita. Pero tampoco una umpa lumpa. Llego de puntillas a la mayoría de los sitios. Si fuera del montón, sería del montón bueno. Escribo sin faltas de ortografía, voy a terapia, tomo magnesio cada día, llevo el aceite usado al punto limpio y, cuando me acuerdo, me fijo en el código de los huevos para asegurarme de que son gallinas felices. Estoy en la flor de la vida. ¿Por qué es tan difícil? No me gustan los hombres. Quizá sea eso.

L. curraba en un sex shop, que es como llamaban a las tiendas de artículos eróticos en el posfranquismo, y más tarde en la España del Canal+ y el Terra chat. Justo antes de que la globalización capitalista arrasara con todo, empezando por el Muro de Berlín y terminando por sustituir a Carlos Sobera en *Quién quiere ser millonario* por Carlos Sobera en *First Dates*.

Quedamos un sábado a tomar el aperitivo. L. me esperaba sentada en una terraza de La Latina cuyas sillas hacían funambulismo sobre una pendiente de cuarenta y cinco grados que desembocaba en la calle Segovia. Cuando la vi garabateando en una libreta Moleskine, me temí lo peor.

L. se daba un aire a Emma Stone. Era muy mona. Los ojos se le movían con vida propia por la cara, como dos peces tropicales nadando en un mar de leche. Tenía la nariz puntiaguda y la piel blanca y delicada, como si estuviera hecha de cáscara de huevo.

Le gustaba sentarse de vez en cuando en cafeterías, sacar la libretita y anotar profundos pensamientos. Otras veces se apoyaba en un muro frente a la cafetería y dibujaba a la gente sentada anotando profundos pensamientos. No habría podido hacerlo si no fuera una Moleskine. El papel es diferente, aseguraba, y después citaba la teoría del aura de Walter Benjamin. Ella se autodenominaba como una chica *ecléptica*. Así lo refirió en varias ocasiones y, cada vez que pronunciaba el término, yo empujaba mi silla un centímetro más hacia el abismo.

L. era restauradora de arte, pero había terminado currando en la tienda erótica de un centro comercial de Leganés. En la era de la mercantilización del arte y el erotismo esculpido en juguetes de diseño, no se me ocurre salida profesional más evidente a la restauración artística que el onanismo de vanguardia.

Antes, los sex shops, bautizados de forma estratégica con un término anglófono para que nadie lo supiera pronunciar (lo que Foucault llamaría la cristalización del tabú a través del discurso), eran antros de perversión sellados por vinilo negro, donde la pornografía se ocultaba en cintas de VHS tras una cortina roja de terciopelo sobado, y a los que la mayoría de peña no entraba por miedo a salir pareciéndose a Santiago Segura.

Fueron décadas de oscurantismo falocéntrico en los que el porno seguía la estructura aristotélica del cine clásico, y la sociedad estaba convencida de que las mujeres nos volvíamos locas por penes de cuatro metros como columnas dóricas.

El mercado estaba sometido a un dogma estético hiperrealista que dictaba que los llamados *consoladores* (Foucault, otra vez) tenían que ser objetivamente espantosos, porque todo el mundo sabe que no es posible hallar placer en masturbarse si no es con un bazuca cubierto de venas. O quizá fue porque solo haciendo indeseable el objeto de deseo (el vibrador) era posible dominar al sujeto deseado (la mujer).

Ignoro si fue gracias a Gloria Steinem, Ana Botín o Steve Jobs, pero hoy las tiendas eróticas tienen nombre de heladería y las heladerías venden coñofres. Los dildos parecen esculturas de Jeff Koons, y la Revolución sexual es una canción que puedes bailar en el teatro Barceló montada sobre tacones de veinte centímetros (porque el tamaño importa).

Vivimos en la época del piti de después. En los años noventa, Jean Baudrillard se refirió al estado de las cosas como el de después de la orgía: el momento posterior a la liberación sexual, política, de la mujer, de las fuerzas productivas y destructivas, de las pulsiones inconscientes, del arte. En ese post-apogeo, no queda más que fingir que seguimos acelerando en el mismo sentido. Consumada toda revolución, es posible perpetuar la redención desde el sofá.

Mientras se liaba un cigarro, L. me habló de sus fantasías sexuales. Le molaba ver porno gay porque decía que era el único en el que todo el mundo parece estar disfrutando. También compartía con sus amigas una suscripción al Patreon de Amarna Miller y estaba valorando apuntarse a un curso de Noemí Casquet para conectar con su diosa sexual.

—Es supercómodo, lo puedes hacer por zoom desde casa —decía L., y por un momento me imaginé con las piernas abiertas y el pijama de franela por las rodillas, viendo a Noemí Casquet alcanzar la armonía cósmica vestida de ninfa helénica al otro lado de la pantalla de mi Windows.

¿Follamos menos que otras generaciones? Hay investigaciones publicadas por las universidades del cuñadismo (encargadas de revalidar con estudios cualquier ocurrencia de Forocoches) que hablan de recesión sexual. Una de las pesquisas sentencia que les millennials follamos menos que nuestres padres y madres, y hasta que nuestres abueles.

En números, echamos seis polvos menos al año que en los años treinta. Foucault lo atribuiría a los mecanismos de control y represión del Estado a través del discurso; Marx, a las fuerzas productivas y destructivas del capitalismo; y Freud seguramente diría que preferimos la gratificación inmediata de masturbarnos con nuestro ego. Pero Freud también decía gilipolleces como que las mujeres tenemos dos tipos de orgasmos, así que cualquiera se fía.

Está bien. Puede que el coito esté en peligro de extinción, pero no podrán arrebatarnos los orgasmos. Quizá era esto a lo que se refería aquella chica en Bilbao. Antes había coito sin placer, ahora tenemos placer sin coito. Todo gracias al self service: tarifa plana de orgasmos de la mano de un buen dildo. Gracias, capitalismo.

L. me contó que los juguetes que vendía en su tienda eran veganos, kilómetro cero, ecológicos, gluten free y sin azúcares añadidos. En resumen, menos procesados que un dedo.

La verdad es que yo he tenido la misma suerte con los juguetes sexuales que con mis ligues. Hace unos años, cuando los succionadores de clítoris se habían agotado en las tiendas tras dar el salto a la fama, mi amiga R., que tenía una cruzada declarada contra la moda del satisfyer, me regaló un dildo rosa fucsia, de los de toda la vida. Me duró hasta que tuve que cargarlo por primera vez. Nunca más volvió a encenderse.

Tiempo después, mi madre me regaló otro por mi cumpleaños (empecé a sospechar que hay un complot onanista a mis espaldas). Era un estimulador de clítoris con forma de pintalabios que a mi madre le había hecho gracia. Un día, cuando lo estaba cargando, decidió encenderse solo y ponerse a saltar descontrolado sobre mi mesilla de noche. Como yo no tenía ganas de mambo, tuve que dejarlo desfogándose entre dos almohadas hasta que se quedó sin libido, ni batería (también para siempre).

L. y yo nos acabamos los vermús, y a casa (cada una, a la suya, y el satisfyer en la de todas). Era una chica guapa, pero no sentí que conectáramos. Hubo un momento en el que llegué a preguntarme a cuántos orgasmos autoinducidos estaríamos renunciando con aquella conversación forzada.

Para mi sorpresa, días más tarde volvió a escribirme para vernos. Me habría encantado decir que sí, adelante, tomemos algo y terminemos en la cama. No fue así. Le solté alguna excusa y ahí quedó la cosa, hasta que dejé de ver su foto de perfil en WhatsApp. L. había borrado mi número.

Medio siglo después del Verano del amor y la Revolución sexual, sabemos que somos libres de follar con quien queramos, pero no queremos follar con cualquiera.

Da igual que solo sea para un polvo. Como en Instagram, el atractivo pasa por cada vez más filtros: físico, voz, intereses culturales, ideología, astrología, cociente intelectual, inteligencia emocional y corriente terapéutica, preferencias nutricionales y hasta compatibilidad en las suscripciones a plataformas de streaming. Sale más a cuenta comprarse un juguete en la tienda de L. Pero un vibrador no te llama por tu cumple ni te manda flores, objeta Charlotte en un capítulo de *Sexo en Nueva York*. No, replica Miranda: pero yo sé cuándo y de dónde va a venir mi próximo orgasmo.

Yo solo pido, por favor, que no se quede sin batería.

Septiembre

Querida amiga:

Quiero enamorarme. Da igual que sea por Tinder. Quiero hablar durante veinte horas seguidas con una desconocida y aun así seguir queriendo conocerla. Pasar la tarde y la noche sentadas en la mesa de una terraza de Santa María de la Cabeza y que me regale una rosa de un euro y yo a ella un décimo de Músicos por la paz. No preocuparme por cuánta cerveza bebo ni cuántos pitis fumo, aunque en ambos casos no sea capaz de tolerar más de cuatro sin querer morirme al día siguiente. Quiero ponerme enferma y llegar tarde al trabajo. Quiero enamorarme y que me den los buenos días cada mañana con un sticker de un mapache dibujando un corazón con las patitas. Quiero mirar el móvil cada treinta segundos. Quiero poder volver a escuchar La Oreja de Van Gogh. Quiero querer hablar solo de ella y que todo el mundo me odie. Quiero empezar a ver una película y dejarla a medias. Quiero encontrar un lenguaje íntimo y vivir convencida de que somos especiales por saber hablarlo, que somos los dos únicos seres en la tierra capaces de entender el misterio de las últimas noches de verano, la modorra de los domingos. Quiero enamorarme y salir a cenar con la aplicación del Tenedor. Quiero hacer maratones de true crime en Netflix y merendar una french toast en el VIPS porque la bebida cuesta solo un euro más, y sentarnos en las sillas rojas de la terraza un día nublado, como si fuéramos dos jubiladas en un pueblo costero mojando la tostada en el café con leche mientras escuchamos los helicópteros de salvamento. Quiero enamorarme y que nos vayamos a vivir juntas a un piso de treinta metros cuadrados. Quiero compartir cada noche el silencio y no saber si eso es bueno o malo. Quiero que nos informemos sobre el método ROPA y que echemos a suertes el orden de los apellidos. Que llegue Navidad y terminar en el Parfois de un centro comercial eligiendo el regalo de Reyes de su prima segunda de Toledo porque es que siempre han tenido buena relación y cómo vas a cortar así de repente. Quiero que cada año nos prometamos que al siguiente nos escaparemos al Caribe por Navidad para no tener que hacer más regalos. Quiero enamorarme y que me enseñe un grupo de música indie con voz grave que suene igual que todos los demás, que acabe gustándome y pagar ochenta pavos para ir a verlos tocar en el BBK. Quiero que lleguemos tarde y nos perdamos el concierto porque hemos discutido en el Airbnb. Quiero adoptar un perro pensando que solucionará nuestros problemas, y cuando veamos que no, hacernos un perfil conjunto en Tinder buscando trío. Quiero enamorarme y preocuparme porque ya no me da los buenos días con un sticker. Quiero que mi humor dependa de un sticker. Quiero que me regale un viaje a Lisboa y que no lo hagamos nunca, y que Lisboa se convierta en una ciudad en la que nunca he estado que me recuerde a una persona que ya no está. Quiero llorar en el trabajo y no poder escuchar La Oreja de Van Gogh, y querer dejar de hablar de ella, y no ver terminar la película que dejamos a medias, y que cada día nuestro lenguaje íntimo me parezca más ridículo, y que al final de todo solo quede yo escuchando en bucle las canciones de un grupo indie que en el fondo no me gustaba tanto.

M

Mercadona, Motomami, Mmmmestoy cansando

En un mundo en el que probablemente haya tantos tipos de champú como personas, Tinder es lo más parecido a dar vueltas por el pasillo de cuidado capilar del súper: las opciones son infinitas, pero nunca te convencen, y vives con la sospecha de estar llevándote a casa siempre el mismo que, para sorpresa de nadie, te dejará mojada y con un bodrio en la cabeza. Tu champú y tu match ideal están ahí fuera, así que más vale seguir mirando.

El match con M. fue un last minute; la compra de urgencia un domingo a última hora, cuando el supermercado 24 horas es colonizado por una masa de treintañeres de aspecto demacrado en chándal buscando algo rápido que pillar, y te das cuenta de que eso es lo más parecido que vas a tener a un after en tu vida de adulta funcional (la única persona que se come un rosco con lo de meter piñas en el carro tiene más de setenta tacos y se apellida Roig).

La temporada de lluvias de septiembre acababa de comenzar. Yo había vuelto de vacaciones tan deprimida que opté por la estrategia de pedir cita en la peluquería y en Tinder. Si aquello salía bien, tendría algo que celebrar y, si era una carnicería, se convertiría en la razón bajo la cual camuflar una depresión posvacacional de caballo. Dos horas después de hacer match, tenía una cita con M. esa misma tarde.

No me percaté de la temeridad hasta que salí de la peluquería con el ego esquilado, un corte a lo Victoria Beckham y cincuenta euros menos en la cuenta.

—Treinta años —dijo el peluquero, y sonrió victorioso sin esperar confirmación. Al parecer, es capaz de adivinar la edad de sus clientas con un vistazo rápido a la raíz. Decía que era como leer los anillos del tronco de un árbol. Por supuesto no pienso volver.

M. me esperaba sentada en una terraza de San Ildefonso, probablemente la plaza con menos personalidad de Malasaña (un barrio que basa su personalidad en abrir take aways). Cuando se levantó para saludar, casi le pido al camarero una caña y un andamio. M. era alta nivel torre de KPMG, y yo estoy más bien a la altura de la papelera donde se tiran las colillas en la puerta. Ella jugaba en un equipo de baloncesto desde los siete años, mientras que yo es posible que conserve la misma estatura desde esa edad. Por suerte, ambas teníamos la suficiente altura como para pasar por alto esa diferencia.

M. había estudiado en Icade y, como el resto de las lesbianas que salen de la Pontificia de Comillas, era vasca, hacía surf y desde 2013 tiene la misma canción de Bastille de tono de llamada en el móvil. En invierno se pillan una casita en Formigal y por las tardes van a Marchica, que hay ambientillo.

Además de la estatura, nos separaban unos años. La trepidante montaña rusa del mercado laboral acababa de comenzar para M., mientras que yo llevaba tiempo suspendida boca abajo en un looping y empezaba a plantearme seriamente las bondades de soltar el cinturón y caer al vacío.

M. en cambio estaba a puntito de meter la cabeza en una gran consultora, que viene a ser la cantera de les mineres del siglo XXI: cuatrocientos años de progreso y avances en derechos laborales que nos han brindado la misma explotación, pero a cambio de una bici plegable tamaño playmobil con la que cruzarse el paseo de la Castellana en traje y una mochila corporativa colmada de horas extra para poder decir con una sonrisa: Es como si me pagaran por aprender. La mayor victoria del capitalismo no ha sido enseñarnos a comprar cosas que no necesitamos con un capital que no tenemos, sino convencernos de que el salario más alto es el que no se paga con dinero.

De la cita con M. mantengo el mismo recuerdo que del cuenco de galletitas saladas con que acompañamos la conversación y las birras: insulsa pero saciante. Regresé a casa empachada y, sin embargo, podría seguir quedando con ella.

Lo hicimos, días más tarde. M. era colega del dueño de uno de los bares de la plaza Dos de Mayo (la versión madrileña de conocer a alguien con barco), y había aprovechado el trato de preferencia para lograr una proeza: pillar mesa en terraza un viernes.

M. se ofreció a recogerme en la puerta de casa. Vivo a veinte minutos en metro de Tribunal, así que no lo vi necesario. Aun así insistió. Lo entendí todo cuando llegó. M. me esperaba montada encima de una bestia de metal. Una Ducati scrambler amarilla y negra que zumbaba como una avispa gigante y que nos llevó volando hasta la plaza.

Llegamos en el clímax de la tarde, la hora en la que conviven los ladridos de perro con los chillidos del parque infantil, las personas sin hogar estirándose en los bancos de la plaza con adolescentes y erasmus sacando las litronas, y el desmantelamiento de la venta ambulante de libros con la entrada de peña al baño público para darle diferentes usos.

Pedimos una pizza diávola para compartir. M. era una seguidora acérrima de los capítulos de reposición de *Aquí no hay quien viva*. Es la magdalena de Proust española, aseguraba mientras se metía un trozo de pizza en la boca: la única serie que, más de dos décadas después de haberse emitido, es capaz de despertar vívidos recuerdos a partir de cualquier escena cotidiana. Su mayor anhelo era encontrar a esa persona con la que dormir abrazada bajo la tenue luz del televisor, mecidas por las desgracias de Belén López Vázquez. El equivalente contemporáneo al matrimonio para toda la vida y único ideal romántico al que nuestra generación puede aspirar.

También le flipaban los documentales. Cuanto más aburridos, mejor. M. confesaba sentir una extraña debilidad por aquellos en los que aparecen intérpretes disfrazades de neandertales recreando escenas de la prehistoria. Yo le recomendé uno buenísimo que estaban echando en Telecinco, y que se llama *La isla de las tentaciones*.

Cuando el bar cerraba, me propuso entrar. Nos agachamos para pasar a través de la persiana metálica y bajamos unas escaleras de madera hasta el comedor, completamente vacío. Pedimos un par de cervezas. El dueño nos trajo una botella de limoncello y se puso a contarnos que su tía hacía el mejor pesto de Génova, y que el secreto está en coger las hojas de albahaca más pequeñas porque tienen más sabor y mezclarlas con otras más grandes. Él era de Cádiz, pero es que tenía familia en Liguria: El secreto está en encontrar la proporción ideal, el número áureo de la albahaca, decía con acento de Chiclana de la Frontera.

Bebimos un par de chupitos de limoncello, y luego un par más, mientras fumábamos pitis y poníamos canciones con el móvil. *Che confusione, sarà perché ti amo,* Sonaba el remix de Ricchi e Poveri, *è un'emozione che cresce piano piano,* cuando M. me cogió la mano. *Stringimi forte e stammi più vicino*, se acercó y me plantó un morreo. *Io canto al ritmo del dolce tuo respiro,* y nos dejamos llevar por el alcohol en sangre y el mareo del tabaco. *E se l'amore non c'è*, y el limoncello temblaba en los vasos como una cama elástica, *basta una sola canzone per far confusione fuori e dentro di te*, hasta que un anuncio del Spotify free nos cortó el rollo. Todo ello bajo la atenta mirada del dueño, que seguía la escena desde las escaleras con una entrada de visibilidad reducida. Fue algo a caballo entre una cita de *First Dates* y una reunión de capos de la Cosa Nostra versión LGTBIQA+.

Después de ese día, M. me siguió escribiendo e invitándome a planes con sus amigas. Pero yo tenía la cabeza en otra parte. Más concretamente, en F.

—El problema es que tienes energía de novia —decían las niñas.

Tener energía de novia está bien, siempre y cuando tengas novia. En mi caso era una putada. No tenía ganas de conocer a nadie y encima F. volvía a mi cabeza una y otra vez, como una alarma en snooze. A veces entraba en Tinder y deslizaba perfiles a toda velocidad para ver si me la cruzaba. Lo mismo había vuelto al mercado, pensaba. Ese era el nivel. Quién sabe, puede que dejara pasar al amor de mi vida mientras la buscaba. Aunque al lado de F. el amor de mi vida me importaba más bien poco.

En cuanto a M., la verdad es que no me convencía. Pensaba en ella como en un champú para cabello seco o dañado en la estantería del Mercadona. Me imaginaba parada frente a todos esos botes de colores, mirándolos atentamente como si fueran un cuadro del Prado. Estudiando la mejor oferta, marchándome de allí con las manos vacías, dejando a M. en el último estante de la sección de cuidado capilar, junto a un bote de tinte de henna.

Tiempo después me la encontré en un karaoke de Goya un miércoles de madrugada. Yo acababa de dejar el curro en el periódico y M. ya se había convertido en una minera de consultora. Pero en lugar de acompañar su lamento barrenero con canciones de Antonio Molina y hollín en las mejillas, entonaba a Wisin y Yandel con un eyeliner waterproof que enmascaraba las mismas horas de esclavitud. Nos miramos, como quien reconoce ese champú que probó una temporada y no recuerda bien por qué dejó de usar, y seguimos a lo nuestro. Puede que me pase la vida soltera, pero ya veréis con qué pelazo.

N

Novinha, Nordeste, Numerología

Desde que la peña no acude a misa para rajarle sus penurias al cura, vamos mucho más a terapia. La salud mental hoy en día pasa por poder costearse la sesión de introspección o, en caso de haber vendido ya todos los órganos, refugiarse en el horóscopo. Esperanza Gracia y tu psicóloga son las nuevas curas de la posmodernidad.

Quedé con N. precisamente un domingo, día de guardar. Nos encontramos a la hora de comer en uno de los bares que bajan por la travesía del Nuncio.

Suelo evitar pedir comida en una primera cita. Creo que por miedo a no disfrutar de la comida por estar demasiado pendiente de la cita, o a no disfrutar de la cita por estar demasiado pendiente de la comida. Compartir mesa con una desconocida con la que previamente has hecho match ya es lo bastante incómodo como para sumar otra variable, con el entrechocar de cubiertos en silencio, la mirada baja, masticar pensando en terminar de masticar y evitar restos de comida entre los dientes. Pero ese día había quedado con otro match por la tarde, y había que comer.

N. era una diosa de piel morena y pelo rizado con olor a palo santo. Todo su cuerpo era pura fibra, como si cada músculo empujara para atravesarle la piel y salir al exterior. Tenía la boca llena de dientes y los dientes increíblemente blancos. Los ojos pequeños, como dos botoncitos de nácar de color marrón, y en la mirada la misma calma inquietante del mar de fondo.

Llevaba una blusa beis y un pantalón fluido. El tipo de pantalón que puedes encontrar tanto en un mercadillo de Bali como en los hippies de la Manga del Mar Menor. Nada más sentarnos me dio un papel. Era la tarjeta de visita de una tarotista; uno de esos trocitos impresos en blanco y negro que decoran el suelo al salir del metro o los limpiaparabrisas de los coches. N. ya tenía quien le leyera las cartas, así que pensó que me vendría bien. No supe cómo interpretar aquello. Le di las gracias y guardé el papelito.

N. era de Natal, en Brasil. Me habló de les orishas, Yemayá y del candomblé. Su abuela y su madre habían sido santeras. Esperaban que N. cogiera las riendas del negocio familiar, así que fue un bajón cuando anunció que se piraba a Lisboa para estudiar arte dramático. Ellas estaban convencidas de que H. había arruinado su futuro. Viniendo de dos videntes imagino que es algo bastante serio. Ahora curraba de mocatriz y, como suele ocurrir con les mocatrices, les camelles y Luis Bárcenas, no dejaba muy claro de dónde sacaba el dinero.

Me preguntó por mi signo del zodiaco y me informó de que ella era Escorpio. Me he estado informando y, según

Univisión, cuando una escorpiana está enamorada suele entregarse sin reparos, dándolo todo para mantener su relación fuerte y estable. Debe de ser que el resto de los mortales vivimos el amor como quien come copos de avena integral con leche de soja: de forma desapasionada y un poco por presión social.

N., sin embargo, se identificaba más con sistemas ligados a la numerología. Más en concreto, con el eneagrama, una corriente mística alternativa profesada por las outsiders del zodiaco. Ella se definía como un 2, una de las nueve personalidades, conocida como La que necesita amor. A mí me tomó por un 7, hasta que le confesé que hay días en que soy capaz de pasar el limpiacristales por la mesa del salón hasta tres veces. Entonces rectificó y me dijo que definitivamente era un 1. A esas alturas yo ya no sabía si sacar la calculadora para echar cuentas de si la cita me compensaba.

N. era muy joven. De esa gente que cuando te dice su edad te dan ganas de devolverle el insulto. He de reconocer que, cuando pienso en peña nacida a partir de los 2000, tiendo a imaginarme a bebés balbuceando un lenguaje ininteligible en el parque mientras se llevan puñados de arena a la boca, así que ver a N. con más aspecto de mujer que yo hizo que no supiera si ponerme bótox o pedirme un potito de merluza para comer.

Compartimos un entrecot. N. podía tener vibes de veggie, pero había nacido en Brasil. Antes de eso preguntó si tenían açaí, un mejunje morado nuclear que sabe entre rico y a cera de depilar. Obviamente no tenían. Como todos los habitantes del nordeste, N. estaba obsesionada con el açaí.

Su familia se lo enviaba en forma de remesas y lo tomaba con tapioca y azúcar para desayunar, y con pescado frito y farofa para comer y cenar.

N. tenía una voz grave y rasgada a base de fumar Camel a la que le sacaba partido con canciones de fado que grababa en un pequeño estudio que había montado en su casa. Vivía de alquiler en un piso compartido en el que había fallecido el padre del propietario. Ella aseguraba que era capaz de sentir las vibraciones del muerto. Pensé en muertos en modo vibración, muertos en modo avión. En una ocasión se había encontrado la puerta del armario abierta, y su compañero de piso, otro místico, le avisó de que el espíritu se había instalado entre las perchas. Técnicamente era un espíritu okupa. Lo que le faltaba a Santiago Abascal.

A mí también me suceden cosas paranormales, y no hablo solo de ghosting. Una noche mi televisor se encendió mientras dormía. Vivo sola y eran las cuatro de la mañana cuando, de repente, escuché una voz a todo volumen. Fui al salón y me encontré con uno de esos concursos en los que la gente se deja la mitad del sueldo llamando por teléfono. Tenía tanto sueño que ni siquiera pude cagarme de miedo. Lo hice una semana más tarde. De nuevo, la tele se encendió de madrugada, esta vez para poner un programa de videntes. Se lo conté a mi madre y me recomendó desenchufar el televisor por la noche: si se vuelve a encender, ya tienes razones para preocuparte, dijo.

Me fui de la cita porque había quedado con Ñ., pero N. me propuso vernos más tarde. Te escribo cuando acabe, le dije. No mencioné qué se suponía que tenía que acabar. También insistió en invitarme a la comida porque yo era periodista, y se ve que todo el mundo sabe que les periodistas están en el subsuelo de la pirámide trófica, junto a los hongos y los parásitos. O quizá simplemente lo hizo porque era una buena samaritana, o Escorpio, o un dos, yo qué sé ya.

Ñ

Ño pienso pensar en palabras que empiecen por ñ

Cuando quedé con Ñ., solo sabía de ella que debía de ser una fanática de Marie Kondo. Le faltó enviarme una invitación de la cita por Google calendar. El resto ya estaba planificado: Primero reservó en una terraza por Cascorro para unas cañas. Después daríamos un paseo o tomaríamos un helado (creo que aquí se podía elegir), y por último iríamos a picar algo a un bar de vinos naturales cerca del Mercado de San Fernando. Desconozco si también había previsto dónde dormiría aquella noche.

Ñ. me esperaba sentada tomando un tinto de verano. Tenía los ojos pardos y el pelo largo, liso y tan negro que parecía estar siempre mojado. Lo llevaba recogido en una coleta baja, salvo por un mechón suelto pegado a la sien que de vez en cuando retorcía justo antes de pillárselo detrás de la oreja derecha, llena de aros plateados.

Vestía un top ceñido cruzado por una riñonera blanca de nailon (sí, la de Uniqlo), pantalones elásticos de rombos azules y negros y deportivas con plataforma, como si acabara de salir del circo o de una rave de Ska-P. Formaba parte de esa tribu de centennials en chándal que se hacen llamar traperas y suben fotos a Instagram en cuclillas con sombreros bucket y gafas envolventes de ciclista. La combinación perfecta entre un caganet y el Neng de Castefa.

Debí de parecerle un vejestorio, porque no tardó en preguntarme qué opinábamos las boomers de la Gen Z. Supongo que no fue buena idea ponerme un vestido de lino con sandalias de tacón. Las niñas todavía se ríen de cuando fui a una entrevista para eldiario.es con una camisa azul y un bolso kelly de Bimba & Lola. Digamos que no tengo el don del protocolo.

Ñ. se burlaba de las críticas de la gente contra el uso compulsivo que hacía su generación de las redes sociales porque, decía, no era más que la romantización de una adolescencia sin internet: ¿Por qué iba a ser peor sacarse selfis en el metro que sentarse en un banco a comer pipas tijuana con un litro de Mahou? ¿Eh? ¿Por qué?

Ñ. había nacido en Melilla, frontera entre Europa y todo lo que no es Europa. Su postal de infancia estaba compuesta por una coreografía infinita de ojos sin párpados, de cuerpos en la sombra bajo una lluvia de piedras, y un clima de asfixia suspendido en el aire como calima perpetua.

Ñ. llevaba el activismo en las venas. Se había suscrito a un par de newsletters, tenía una camiseta verde de *Escuela pública de tod@s para tod@s*, iba a todas las manis y estaba apuntada a la batucada de Usera.

Estudió Derecho y Ciencias Políticas, una carrera con bastante más futuro que la mía, aunque luego decidió completarla con un doctorado en estudios islámicos que seguro cristaliza en una mesa redonda en La Casa Encendida. A costa, eso sí, de comer tabulé el resto de sus días. Por desgracia, en ese momento el mayor activismo que hacía era encadenarse a la cola del paro.

Pusimos rumbo al bar de vinos. Ñ. insistía en que tenía que probar los vinos naturales, y yo pensaba que qué hay más natural que un vino. Había trabado amistad con el dueño de un garito que coleccionaba pinturas hiperrealistas de jubilades colgadas de la pared, la Capilla Sixtina del Imserso. Este vino es de un amigo que tiene una pequeña bodega en Valladolid; le encantan la fiesta y las pastis, decía el dueño, y yo miraba con recelo los trocitos fermentados flotando en el interior de la copa.

No tuve un mal viaje, pero estuve una semana entera intoxicada por acidez. Algunos días después le envié un enlace por WhatsApp. Era una columna pro-Palestina que había escrito en mi nuevo curro. Lamentablemente el mundo siguió siendo el mismo antes y después de la columna. Ella reaccionó con un corazón y me invitó a unas jornadas por la autodeterminación del Sáhara Occidental y a unos vinos naturales después con sus colegas. Yo empecé a mirar kufiyas por Amazon.

Me fui antes de la cita porque creía que iba a quedar con N. de nuevo. Pero, o había caído en un sueño profundo, o estuvo secuestrada por el espíritu de su armario, porque no contestó hasta bien entrada la madrugada. Para entonces, yo volvía a estar en casa. Sola, como siempre.

Ñ. y yo no volvimos a hablar, y lamentablemente el mundo siguió siendo el mismo. Lo único que ha cambiado es que ahora siempre llevo un blíster de omeprazol en el bolso por si se tercian unos vinos sin sulfitos.

Octubre

Querida amiga:

A. e I. querían aprovechar la llegada del otoño para organizar una cena en su casa. Una cena de bolleras, aunque A. prefería llamarlo *lesbian shower*. La idea era lograr la mayor densidad de lesbianas posible por metro cuadrado. Más o menos como en un coloquio de Sara Torres. Las lesbianas siempre estamos planeando nuevos encuentros para ampliar nuestro universo sáfico haciendo lo que mejor sabemos hacer: beber buen vino con luz tenue y ronronear dándonos calorcito.

La convocatoria fue un fracaso absoluto. Solo fuimos C., que es bisexual y tiene novio (nada en contra de las bisexuales, ya bastante tienen ellas con soportar a los hombres), y yo. Si no fuera porque son pareja y es su casa, quizá A. e I. tampoco habrían ido.

Ahí estábamos las cuatro, sentadas en el sofá de terciopelo verde pistacho. Me sentía desgraciada en aquella atmósfera cálida de cuidados y bizcocho marmolado de chocolate y calabaza, iluminada por una legión de velas, rodeada de tablas de madera con uva y queso, y boles de cerámica con palitos de zanahoria y babaganoush.

A. nos contó que su terapeuta le había recomendado las microdosis para la ansiedad y los bloqueos mentales. Hablamos del poder de los hongos y de cómo un día seguramente dominarán el mundo. Mejor eso que las cucarachas. De repente, I. se levantó y volvió corriendo con un ramo de flores secas. Lo había encontrado ese mismo día en Sol. Estaba tirado junto a una papelera y tenía una foto dentro. La fotografía era de una pareja y estaba partida por la mitad. Se ve que alguien no se presentó a la cita. Yo tampoco me presentaría si el lugar de encuentro fuera Sol. Cuando lo vio, I. quiso coger el ramo, pero no sabía qué hacer con la foto, ¿y si traía mala suerte?

I. es la persona más supersticiosa que conozco. Su padre y su madre son uruguayes, pero siempre han vivido en Italia, así que cada Nochevieja cenan lentejas, arrojan cubos de agua por la ventana y se pasean con una maleta a cuestas por el barrio. Creo que se arrepiente de haberse mudado a España.

Antes de llevarse el ramo, dudó entre quemar la foto o romperla en pedacitos. Luego pensó que quizá darle demasiada importancia empeoraría las cosas, así que la tiró a la basura. Todas asentimos satisfechas ante lo que consideramos una solución impecable. Una puede no creer en la magia, pero existe un sentido común universal para la superstición.

Ya habíamos bajado botella y media de vino cuando C. nos contó su historia. Hace muchos años, C. tuvo una novia. Esa novia de la que te enamoras perdidamente y a la que nunca en la vida terminas de olvidar. Al principio de la ruptura sus amigas aguantaron la brasa. Es lo que toca. Pero unos meses, no durante cinco años. Al final le dieron un ultimátum y C. decidió ponerse en manos profesionales. ¿La psicóloga? No, el tarot.

La tarotista no tardó en apuntar a la causa del problema: claramente se trataba de magia negra, un caso de manual. Alguien le había echado mal de ojo. Le ordenó que entrara a su habitación y tirara todo lo que pudiera haber estado en contacto con su ex, que limpiara a fondo en busca de cualquier detalle sospechoso y purificara después con algún incienso de estos que lo apestan todo.

C. siguió sus instrucciones. Tiró libros viejos y fotografías, entradas de cine y flores disecadas. Nada como olvidar a una ex para dejar la casa como una patena. Cuál fue su sorpresa cuando encontró, bajo la cama, un manojo de ramitas atadas con un lazo de terciopelo oscuro.

Semanas después, C. se cruzó con la mejor amiga de su ex en una farmacia. La amiga le contó que ya no se dirigían la palabra. Al parecer la ex tenía una abuela bruja que vivía en Tepoztlán, México, y aprovechó una visitilla para echarle mal de ojo a ella también. Ahí había terminado su amistad.

Me considero una persona moderadamente escéptica, pero en ese momento solo podía pensar: ¿Y si eso es lo que me pasa con F.? ¿Por qué otra razón iba a estar tan atascada? Estaba claro: magia negra. De manual.

—Es imposible que te haya pasado lo mismo —dijo C.—: estás demasiado obsesionada con la limpieza como para olvidarte de barrer bajo la cama.

Era verdad. Aun así decidí probar con una tarotista, por si acaso. Dalí tenía su propio juego de cartas, John Cage componía sus obras haciendo tiradas de I Ching y Yeats escribía poemas con un tablero de la ouija en el que los espíritus le susurraban metáforas. ¿Qué podía perder?

Convencí a mi amiga P. para que me acompañara. P. tenía el número de teléfono de la tarotista de Felipe González. Pero era cara y la lista de espera era de varios meses. Recordé la tarjetita que me había dado N.: Diez euros por diez minutos. Aquello tenía que ser el McDonald's del tarot. Le escribí un mensaje por WhatsApp. La vidente contestó con un audio:

> Sí, son diez euros. Si te quieres explayar, a partir del minuto once suma un euro cada minuto. Ese es el hecho, cariño

Cuidado con explayarse entonces, me dijo P. mientras entrábamos al sitio. Desde fuera, aquel local parecía un centro de fisioterapia o un herbolario, con símbolos zen, dibujos de plantas y la misma tipografía horrenda en cursiva que te hace preguntarte si es que al alcanzar el nirvana una pierde el sentido del gusto.

El interior estaba compuesto por vitrinas y estanterías llenas de todo tipo de objetos rituales: vírgenes y san Pancracios gigantes, Ganeshas de bronce, figuritas de hadas y druidas..., un poco lo mismo que puedes encontrar en el pasillo de decoración de un bazar. También tenían champús de suerte rápida con el dibujo de un trébol de cuatro hojas, aceites de sometimiento, miel de amor *Ven a mí*, y un amplio surtido de productos cosméticos que, si bien no dudo que funcionen, todo apunta a que será a riesgo de terminar calva y con una demanda en la Oficina de atención al consumidor.

Al fondo del local, una puerta cerrada daba al despacho de la tarotista, una salita de tres metros cuadrados con una mesa y dos sillas plegables donde la vidente miraba la hora en el móvil y te echaba las cartas sobre un tapete de mus. Al final de la sesión, la tarotista salía del cubículo, se acercaba al dependiente en caja, le susurraba la cuenta y te ponían el datáfono delante.

Lo peor no fue acabar pagando veinte pavos. Lo peor tampoco fue pagarlos para que la primera visión de la vidente fuera un hombre. Lo peor fue que no me atreví a corregirla y salí del cubículo con una nueva vida en la que yo era hetero y un sinvergüenza me había partido el corazón y amenazaba con quitarme a un hijo en custodia compartida.

Aquella noche en casa de A. e I. también hicimos un ritual. C. acababa de regresar de un viaje iniciático por los Andes o, lo que es lo mismo, de soportar el sonido de una zampoña procurando que no le diera un chungo por mal de altura montada en una llama. Una experiencia religiosa, que diría Enrique Iglesias. Allí, bajo un manto celeste cubriendo la llanura, aprendió un ritual ancestral que aseguraba que funcionaba. Una parte de la ceremonia consistía en pedir dos deseos.

Confieso que en el momento de pedir no valoré la importancia de ser muy específica para evitar que el asunto se volviera contra mí, pese a que eso es precisamente lo que ocurre en *Retrato de Dorian Gray*, amén de una larga lista de ejemplos en la historia de la literatura y el cine que decidí ignorar. La cuestión, decía, es que pedí dos deseos, en voz alta aunque temblorosa, confiando extrañamente en sea lo que sea que fuera a recibir el recado.

El primero fue poder encontrarme con F. de nuevo o que desapareciera de mí para siempre. Lo hice ante la incapacidad de pedir solo lo segundo, todavía presa de lo primero. En cuanto al segundo deseo, pedí que a mi newsletter le pasaran cosas buenas, ya que a mí está visto que no tanto. Al día siguiente de la aventura del tarot, y después de tres meses sin vernos, F. y yo coincidimos.

Acababa de salir de Plaza Elíptica dirección la Tropi para celebrar el cumpleaños de A. Iba merendando. Justo me estaba metiendo un último trozo de plátano en la boca cuando la vi: F. se acercaba a la puerta escoltada por un grupo de siete amigas.

F. iba vestida con una camiseta negra de tirantes y pantalones acampanados naranja oscuro. El pelo suelto, los pómulos marcados y los ojos de siempre me recordaron que el barro seguía fresco. Cuando cruzamos miradas, yo todavía tenía la boca llena de plátano, así que tuve que guardar silencio para que no me confundiera con Quico de *El chavo del 8*. Por lo menos no es un bocadillo de panceta, pensé, mientras le daba dos besos, recordando que, como el 90 % de las tropibolleras, F. era vegana y se había sacado el PADI para poder atravesar la zona de churrasco de la Tropi haciendo apnea.

Una vez dentro, nos instalamos al otro lado de la pista de baile. Cuanto más lejos tuviera a F. mejor podría resistir la tentación de hablarle. Y como no hay forma más rápida de superar el síndrome de abstinencia que con una adicción cruzada, me puse a perrear.

Cuando perreo, tiendo a entrar en un universo paralelo desde el que no me entero de nada de lo que ocurre a mi alrededor (una razón que explicaría por qué se me olvida ligar en las discotecas), y esa tarde estaba que me perreaba encima. El problema es que, ahora que había decidido dejar en paz a F., ella no quería dejarme en paz a mí.

Empecé a notarlas mientras bailaba. Dos púas acariciándome la espalda, el cosquilleo punzante del acero verde que me recorría el cuello y amagaba con hundirse en cualquier momento, invitándome a ceder ante aquella presión suave. Me giré y ahí estaba.

F. se acercó en tres ocasiones. Primero para que saludara a su compi de piso. Después para notificarme que era una chica rara (ignoro si lo de ser una psicópata también se lo dice a todas) y, finalmente, para disculparse y preguntarme si había sido muy borde conmigo. Y donde cualquiera hubiera visto tres aproximaciones poco alentadoras, yo escuchaba un maullido.

—Te está mareando. ¿A cuento de qué te busca si está con otra? ¿Y dónde está *la otra*? —me susurraba A., como si en realidad *la otra* no fuera yo.

Pero era cierto. Allí no había nadie comiéndose a F. Solo F. comiéndome con la mirada.

La fiesta terminó. Ya me marchaba de la Tropi, cuando recibí un mensaje de F. invitándome a continuar la fiesta con ella y sus amigas en otro garito.

No fui. El interés de F. había inclinado la balanza a mi

favor y me sentía fuerte. Además, aquella invitación me sirvió para constatar que F. no era una borde, solo un poco torpe ligando. Sus acercamientos en la pista habían sido manifestaciones de afecto a la altura de una criatura de tercero de primaria tirándole del pelo a la niña que le gusta. Aunque, puestas a pedir, un tirón de pelo no habría estado nada mal.

A partir de ese momento cambié de estrategia. Dejar en paz a F. tenía sentido si ella hubiera perdido el interés. Pero ¿por qué iba a querer alejarme de F. si F. no se alejaba de mí?

O

One piece, Oligofrenia, Ontológico

Dar superlike por Tinder debe de ser el equivalente a tirar piropos por la calle. Por norma general, la gente los usa para llamar la atención, pero tienden a incomodar más de lo que halagan. Son una de esas herramientas al alcance de cualquiera que conviene evitar para no dar cringe.

O. ha sido de las pocas personas a las que he enviado un superlike, y fue sin querer. Me pilló una curva en el metro, perdí el equilibrio y deslicé hacia arriba su perfil. La buena noticia es que no me arrepentí.

O. tenía los ojos azules y el pelo negro y rizado, siempre recogido en un moño alto. Nariz recta y mandíbula cuadrada. Sus facciones no daban lugar al defecto, y de esa rigurosidad nacía el magnetismo de una belleza severa.

Para romper el hielo, me propuso un juego: añadir un fun fact (un dato random sobre nosotras) cada vez que habláramos por el chat. Sobre ella descubrí que tenía una manera muy particular de comer kiwis (como si hubiera alguna forma normal y digna de hacerlo), que disfrutaba de bandas sonoras y canciones inusualmente largas y que las únicas bebidas con gas que toleraba eran la tónica y el champán, una peculiaridad que comparte con pensionistas de San Sebastián y directives de Silicon Valley en proceso de desintoxicación.

Quedamos a finales de octubre por Chueca. Yo me estaba encendiendo un cigarro cuando llegó. Lo primero que hizo tras presentarse fue preguntar con media sonrisa escamada: Ah, ¿que fumas? No supe si todavía estaba a tiempo de tirar el piti al suelo y soltar con cara de extrañeza: No, ¿por?

Entramos en un garito. En el interior había hileras de bombillas enrolladas en las columnas, un jardín vertical con plantas de plástico, la cabeza de un ciervo de madera colgada junto a la entrada, y grupos sentados en sillones incomodísimos, el mismo tipo de sillón que suele encontrarse en el salón principal de una casa museo, protegido detrás de cordones de terciopelo, como si alguien fuera a querer sentarse ahí.

Ella se pidió un vino blanco y yo un doble. Me contó que trabajaba para un bróker de criptomonedas, una industria que ha conseguido hacer dos en uno con la estrategia de bancos y promotoras durante la burbuja inmobiliaria: ganar dinero especulando a costa de la ignorancia de la gente.

O. defendía que la planificación financiera es la clave del éxito. Ella invirtió suficiente pasta en el momento adecuado y ahora se estaba haciendo de oro. El problema es que no se atrevía a sacar el dinero porque Hacienda le iba a crujir, y le gustaba demasiado Madrid como para mudarse a Andorra. Así que, a efectos prácticos, era como una millonaria con las cuentas congeladas. También decía que, si quieres ahorrar, la mejor estrategia pasa por huir de Madrid y empezar una nueva vida como funcionaria pública.

Estaba harta del mundo cripto. Me contó algo que jamás habría podido imaginar: aquello estaba lleno de imbéciles. Un oligopolio de oligofrénicos que canalizan el síndrome de Peter Pan comprando monedas con nombre de perro, y cuyo modelo de negocio consiste en convencerte de que pagues por su curso *Gana dinero rápido invirtiendo*, para poder ganar dinero rápido y seguir invirtiendo.

El ambiente de curro era igual de rancio que el de un vestuario de fútbol, pero con tíos con sudaderas de *One Piece* y sillones de gamer con neones de colores, gritando cosas como Hay que holdear con cojones o Hasta la luna, como si fueran versiones anabólicas de Buzz Lightyear hinchados a batidos de Myprotein. *La naranja mecánica* nos enseñó que les matones de instituto van a parar a las fuerzas y cuerpos de seguridad del Estado. Gracias al blockchain ahora están más repartides.

O. era una alienígena en el mundo cripto. Dulce, atractiva e inteligente. Tenía carisma y un rumor de agua en la risa. Le gustaba escuchar bedroom pop, los poke bowls y su concepción de lo estético seguía el mismo patrón nórdico con un toque industrial que hoy es posible encontrar en todos los restaurantes de Alonso Martínez. Tras la barra del local te encuentras invariablemente a un joven apuesto con camiseta negra slim fit, dilatación de ocho milímetros en el lóbulo y un tatuaje azteca en el brazo, que mientras se acaricia el bíceps te pregunta si tienes reserva.

Uno de mis fun facts fue confesarle una manía que tengo cada vez que me mudo, y que consiste en imaginar en qué rincón de mi nueva casa podría esconderme en caso de que entren a robar. Ella me contó que tenía un bate de béisbol a mano para esos casos. Supongo que el bate es más efectivo.

Después de las cervezas O. tenía hambre, así que fuimos a un local de baos y, mientras esperábamos la cena, me hizo una visita guiada por sus tatuajes visibles. En la cultura del grabado epidérmico hay dos tipos de personas: las del tatuaje semántico (todo lo que se tatúan tiene un significado muy profundo, y si no les da pereza contártelo es porque la pereza te va a entrar a ti); y las del horror vacui, que tienden a concebir su piel como un lienzo por llenar y terminan pareciéndose a un expresidiarie. Como todas mis ex, O. encarnaba el primer tipo.

Cuando terminamos de cenar, O. se quería ir y yo no, y era por la misma razón: nos hacíamos pis. Pero O. tenía su casa cerca, y yo a media hora. Al final logré que me invitara a subir para usar su baño. Yo me habría quedado a usar la cama, pero como no quería que sintiera que una completa desconocida se aprovechaba de sus buenas intenciones, me marché. Por eso, y porque me dio miedo que me tomara por una extraña haciendo allanamiento de morada y sacara el bate de béisbol.

A los pocos días volvimos a quedar. Fuimos a una exposición del Thyssen y acabamos merendando en un Rodilla. Por supuesto, no pasó nada. Es imposible que pase nada si terminas en un Rodilla.

Dejamos de hablar de repente (Tinder es así), pero retomamos el contacto meses después (Tinder es así). De un día para otro, O. y yo volvíamos a escribirnos de forma ininterrumpida, y me di cuenta de que me gustaba. Quién iba a imaginar que, mientras yo iba de fracaso en fracaso, O. no había tardado en echarse novia y estaba felizmente enamorada.

Si Tinder fuera la Bolsa, un lugar donde la peña deja su vida en manos de los picos y bajones reflejados en una pantalla, las lesbianas seríamos el activo más cotizado del parqué.

—Hay que ser rápida: las bolleras vuelan —decía O.

La realidad era que O. solo me quería como amiga, y yo solo quería acostarme con ella. Estuvimos meses buscando un punto medio, sin grandes avances. ¿Por qué no podía gustarle aunque solo fuera un poquito? Se lo pregunté y me respondió que *no sentía las vibes*. ¿Cómo que no sentía las vibes? ¿Qué vibes? Claramente tenía que haber algo mal en mí y no me lo estaba diciendo. Un fallo de sistema. Acabé con la autoestima por los suelos.

Por supuesto, mi psicóloga dijo que no había nada mal en mí. Las psicólogas suelen decir eso, así que mejor no fiarse. Salvo que te digan que hay algo malo en ti, en cuyo caso supongo que es mejor hacerles caso.

Después de darle muchas vueltas al tema, llegué a una conclusión: hoy en día, la autoestima es al valor personal lo que el bitcoin al dinero.

Antes, el valor de una persona venía marcado por la sociedad. En el siglo XIX había una serie de códigos y virtudes públicamente compartidos (la moral victoriana, el carácter o la clase social) que hacían de la evaluación de una potencial pareja un proceso objetivo. La firmeza de carácter, la fiabilidad y el compromiso eran, por ejemplo, atributos propios de la masculinidad (lol).

La teoría económica clásica también dice que el dinero ha de cumplir tres funciones básicas: debe ser medio de pago válido, unidad de cuenta y depósito de valor. Tres requisitos objetivos y públicamente aceptados que el bitcoin no cumple ni del palo.

En el caso de la autoestima y el valor personal, los criterios también se han ido desdibujando. Eva Illouz dice que el valor del individuo ha pasado de ser resultado de un proceso público y objetivo a constituir un juicio privado y subjetivo. El individuo reafirma su identidad y su valor personal a través del reconocimiento de... su amante. Según el sociólogo Axel Honneth, el amor en la actualidad constituye la principal fuente de reconocimiento. En otras palabras: tu autoestima está principalmente en manos de tu crush.

Y ese juicio de valor es relativo. Si la firmeza de carácter fuera el atributo más cotizado, todo el mundo sabría definirla. Pero ¿en qué consiste ser sexy? Hoy ese juicio se toma basándose en criterios múltiples y volátiles, como el atractivo físico, la química emocional, la compatibilidad en los gustos o la configuración psicológica. Claro que hay cánones de belleza y estándares normativos que marcan el rumbo, pero el camino está sembrado de criterios de evaluación subjetivos que antes no existían, como la cualidad de deseable o el glow. Al individuo le faltan puntos de anclaje objetivos que aseguren su valor, que le den seguridad ontológica.

Por suerte, después de un intenso tira y afloja que duró meses, y en el que O. me perseguía para llevarme a la friendzone y yo al huerto, surgió la magia: un día desperté y ya no quería acostarme con ella, solo enviarle audios de diez minutos contándole mis penas e intercambiar stickers por

WhatsApp (la verdad, O., creo que te habría salido más barato el polvo).

Simone de Beauvoir dice que el erotismo es un movimiento hacia el otro, hacia lo diferente. Cuando hay amistad, la atracción erótica muere, porque dos seres humanos que se unen en el movimiento mismo de su trascendencia ya no tienen la necesidad de unirse carnalmente.

Quizá el gran error con mis citas ha sido tratarlas como amigas. Mi amigo P. está seguro de que la razón por la que no soy capaz de meterles boca en la primera cita (ni en la quinta) es porque nunca tuve una adolescencia pletórica de discotecas light y Knebep de caramelo en la que ensayar mi ritual del cortejo, así que he decidido comenzar por los basics. Se acabaron los Rodilla y las exposiciones.

P

Polvo, Pussy

Hay dos decisiones de las que nunca dejaré de arrepentirme: comprar una aspiradora ciclónica y entrar en Tinder para tíos. A primera vista parecen *la opción cómoda*, hasta que empiezas a darles uso y te das cuenta de que, en lo que respecta al polvo, rara vez están a la altura de tus expectativas. No digo que la alternativa sea perfecta, pero por lo menos succiona bien.

La gran diferencia entre quedar con tíos o con tías por Tinder es que con los chicos siempre follas en la primera cita, y con las chicas, nunca. Todavía no sé qué es peor. Nada me daba más pereza que tener que buscar excusas para no subir a casa de un pavo antes de aprenderme su nombre, hasta que me adentré en el apasionante universo lésbico y empecé a buscarlas para subir antes de sacarme un máster en la genealogía de su gato.

Da igual que la chica me gustara, que advirtiera su interés en la media sonrisa que acompaña a una mirada atenta, en su forma de acercar la silla y dirigirse a mí. Por alguna razón, aquella tensión nunca se resolvía en un primer encuentro.

Al principio las niñas me miraban con compasión: Pobres lesbianas, grandes víctimas de los roles de género. Hasta que un día, durante una larga sobremesa al sol, se armaron de valor y, como si hubieran estado semanas incubándolo, dijeron: Mira, el problema eres tú.

Mira, el problema soy yo, repetí para mis adentros. Aquello sonaba a confesión de Noemí Argüelles. ¿De veras tenía un problema? Y, si era así, ¿cuál? Solo había dos formas de averiguarlo: con una ronda de llamadas a todas mis citas frustradas para pedir feedback, o quedar con un nuevo match y dejar de repetir lo que sea que estuviera haciendo hasta entonces.

Aposté por la segunda estrategia. Si a les tiburones del emprendimiento les va bien con aquello de Si buscas resultados distintos, no hagas siempre lo mismo, ¿por qué a mí no? En cualquier caso, no había tiempo para llamaditas: acababa de hacer match con P.

P. era una italiana que había decidido poner a prueba al colectivo de bibolleras de Tinder con un reto en su perfil: si pronunciabas bien su nombre, te ganabas una caña. Un ejercicio que revelaba que, o bien P. estaba forrada y quería arruinarse, o no tenía mucha idea del legado de skills lingüísticas que nos ha dejado el sistema educativo español. Acepté el reto y decidí montarme mi propio Manuale d'amore para principiantes:

Lezione 1: L'interesse

Tan pronto como empezamos a chatear, entré en Google translator. Puede que de italiano no tenga ni idea, pero aplicada soy un rato. Tecleé su nombre en el traductor y le di al speaker. Me respondió una voz cantarina de mujer robot con acento italiano.

Traté de imitarla. Sola en casa frente al ordenador me puse a repetir aquel nombre en voz alta, modulando el tono en cada sílaba, el acento, la *ese* doble sorda. Actualmente sigo sin saber italiano, pero el día que en una osteria de Vernazza alguien me presente a una bellezza italiana con doble *ese* sorda en el nombre, estaré preparada para dejar a tutti boquiabierti con mi C2 en esa única palabra.

Después de pronunciarlo, le di un trago largo a la caña. Mi momento de gloria había durado escasos segundos, pero daba igual. Como el acento, el interés va implícito en el lenguaje: si existe, se nota. Ni siquiera importaba haberlo hecho bien o mal: P. estaba sentada frente a mí y me miraba sonriendo.

Lezione 2: La preparazione

Habíamos quedado un martes por la noche. Era tarde y yo acababa de salir de baile, así que P. se ofreció a venir hacia mi barrio para que me diera tiempo a pasar por casa. La excusa perfecta para invitarla a subir después, si la cosa se daba. Lo que P. no sabía es que estaba ante una verdadera especialista en el sabotaje:

> ¡No te preocupes! Podemos quedar en un punto medio y así no tienes que venir

Respondí, arruinándolo todo.

Hasta entonces, yo tampoco me había dado cuenta de mi tendencia al autoboicot. Era una inclinación a soltar las riendas de la situación e instalarme en la inacción para no tener que encajar un eventual rechazo (es más fácil autoconvencerse de no conseguir algo por no haberlo luchado que asumir la responsabilidad del fracaso). Pero esta vez reculé a tiempo: le dije que lo había pensado mejor y quedamos en una cervecería, a doscientos metros de mi casa.

Sea encima o bajo la cama, el polvo nunca llega solo. Una puede tener la sensación de que sí, que aquello surge por generación espontánea, pero siempre hay un proceso imperceptible detrás; un curso que puede entorpecerse si, por ejemplo, decides pasar la aspiradora bajo la cama o tener tu cita demasiado lejos de ella.

Simone de Beauvoir tenía la teoría de que la suciedad en la que aparentemente nadamos en el sur mediterráneo nos hacía mejores amantes. Escribió: Es sugestivo que la manía de la limpieza tome una importancia suprema en Holanda, donde las mujeres son frías, y en las civilizaciones puritanas que enfrentan los placeres de la carne a un ideal de orden y de pureza. Si el sur mediterráneo vive en una alegre suciedad, no es solo porque falte agua: el amor a la carne y su animalidad lleva a tolerar el olor humano, la mugre e incluso los parásitos. Mi madre detestaba a Victoria Beckham desde que dijo aquello de Spain smells like garlic. Pero, oye, a juzgar por lo que dice Simone, tal vez tuviera razón. En otras palabras, el polvo atrae el polvo.

P. me esperaba sentada en una mesa apartada junto a un ventanal. Tenía el pelo largo y fino. Los bucles cobrizos le caían sobre una camisa ancha de franela que llevaba a modo de chaqueta. Debajo, camiseta negra de tirantes, vaqueros ajustados y botas militares. Un cruce entre Tomb Raider y granjera tomboy. Los ojos, de un azul pálido, se levantaron con ella para saludar. Miré hacia arriba: P. era alta y delgada, de piel blanquísima, nariz de busto romano y labios rojos. En resumen, un espectáculo.

P. era de Milán, ciudad que odiaba casi tanto como a les milaneses y la alta costura de via Montenapoleone. Había trabajado allí como dentista, hasta que un día petó un cable y lo dejó todo para venir a Madrid a sacarse un curso de fotografía en la Efti. Un mal día lo tiene cualquiera, pensé. Ahora, P. era fotógrafa. O sea, que estaba en el paro.

Mientras me hablaba de las clases de dancehall a las que se había apuntado, las fiestas, los viajes, los paseos fotográficos o su pasión por hallar reliquias analógicas en el Rastro, yo no podía evitar hacerme lo que mi amiga P. denomina la clásica pregunta de mentalidad obrera: ¿De dónde cojones sacaba el dinero?

En unas semanas P. se iría a vivir a Berlín. ¿A qué? Ya lo averiguaría allí. ¿Por cuánto tiempo? ¿Cómo pensaba pagárselo? Todas eran cuestiones pertinentes que podría haber hecho si fuera su madre o la Agencia Tributaria, pero que no podía permitirme si pretendía hacer otras cosas con ella después.

Solo entonces caí en la cuenta. Estaba ante un auténtico espécimen de wanderlust (también llamades nómadas de Ryanair); un estrato social apátrida con complejo de erasmus surgido del cruce de Airbnb con una aerolínea low cost.

Esta especie invasora anida en literas de hostels y cafeterías de especialidad (donde se adueñan de todas las tomas de corriente), y se caracteriza por ir a todas partes con un Mac y botas de montaña, imprescindibles para moverse por el casco urbano. A primera vista aparentan ser homeless, pero ganan el triple que tú. Una virtud alcanzada gracias a años de experiencia viajando a destinos de bajo PIB per cápita. Como la Camorra italiana, es mejor no preguntarse de dónde sacan el dinero.

El problema de les ciudadanes del mundo es que tienden a establecer lazos tan efímeros como sus estancias. P. se quejaba de que sus amistades apenas duraban unas semanas, y de cómo esa intermitencia le había impedido integrarse en Madrid, hasta el punto de llegar a odiar la ciudad tanto como odiaba Milán.

Lezione 3: L'invito

Pasamos poco rato en la cervecería. No fue por falta de interés: resulta que P. era poco tolerante a la cerveza y no podía beber mucho porque se hinchaba, así que salimos a la calle.

Mientras caminábamos hacia el metro fui haciéndome un piti. Una vez más, primer intento fracasado. De poco había servido el interés, el sentido del humor para romper la distancia o haber escogido un bar cerca de casa. Estaba acompañando a P. a su parada y volvería sola a la mía. Bajamos las escaleras para refugiarnos del viento en lo que me terminaba el piti. Entonces, cuando me disponía a tirar al suelo la colilla, P. me miró a los ojos sonriendo y me empujó contra la pared.

No fue un golpe seco. Mi espalda chocó contra un revestimiento metálico y el eco del impacto se extendió por el túnel del metro. Su gesto me habría hecho salir escopetada, pero justo en ese momento se acercó y me comió la boca. P. era de esta gente que besa embistiendo, y con cada embiste un nuevo eco se prolongaba por el túnel, como si fuéramos un péndulo dando la hora.

—Voy a perder el metro —dijo P. mientras se separaba rápidamente de mí.

En otras circunstancias me habría despedido, movida por mi tendencia al autoboicot. Pero recordé que me había propuesto cambiar de estrategia, así que hice un gran esfuerzo y logré invitarla a casa. Supongo que fue patético, pero funcionó.

Cerré la puerta y me quité los zapatos y el abrigo. P. echó un vistazo rápido a su alrededor y murmuró un *Me encantan las casas* lo suficientemente genérico como para no tomarlo como un halago, porque no se estaba refiriendo a la mía en concreto. Mientras se quitaba la chaqueta caminando hacia la cocina le pregunté si quería tomar algo. P. se dio la vuelta y, con las mismas, comenzó a caminar hasta que llegó frente a mí. Se paró un instante y volvió a reanudar el paso besándome, haciéndome retroceder con cada embiste, hasta que caí sobre la cama.

Quien quiera saber más detalles, que se ponga una porno. Solo diré que aquello fue lo más cerca que he estado nunca de un combate de MMA. Eso, y que hubo un momento en que P. gritaba tanto que tuve miedo de que mis vecines llamaran a la policía, visto que era más probable que en mi casa se estuviera cometiendo un homicidio que un polvo.

Después de aquella noche, P. fue bautizada como *iron pussy*, y yo necesité unos días de rehabilitación. Había conseguido lo que me proponía, el problema es que no sabía si me atrevería a repetirlo.

Mensaje de WhatsApp de F., 18.30 horas:

Oye qué pasa? Ya t has olvidado de mí?

Noviembre

Querida amiga:

Mi amiga P. me regaló por mi cumpleaños una antología de poetas estadounidenses con dos cualidades en común que sabía que me gustarían: todas eran mujeres y todas están muertas (nada en contra de las vivas, pero tengo una sospechosa inclinación por el verso reposado en caja de pino). En la dedicatoria me invitaba a abrir el libro al azar cada vez que me sintiera perdida o en el barro (aproximadamente un par de veces al día), con un consuelo: Cualquiera de estas mujeres, incluso la más feliz, ha sido más infeliz que nosotras. Todo un alivio, teniendo en cuenta que la mayoría se suicidó o murieron antes de los cincuenta por apoplejía o depresión.

Lo reconozco, en momentos difíciles me consuela pensar en la cara que se le tuvo que quedar a Sylvia Plath (una de las infelices de la antología) al entrar en la cocina de su casa de Devon y pillar a su marido y gran amor, Ted Hughes, con Assia Wevill pelando la pava en lugar de patatas para la ensalada que iban a preparar. O cuando entró en el estudio de Ted y se encontró con varios poemas en los que describía el cuerpo de marfil de Assia (era un paibon) y sus orgasmos, y a ella como a una bruja. No se entra ni en el estudio ni en el WhatsApp de tu pareja, Sylvia, que parecemos nuevas.

Llámalo Schadenfreude si quieres (vamos, trata de pronunciarlo). Pero no creo que ese sea el tema. Lo que me reconforta es saber que nadie se salva, que también las genias sufrieron por un ghosting y en su genialidad fueron profundamente infelices por amor.

Nadie es inmune. Que se lo digan a Hannah Arendt, llorando por Heidegger en sus ratitos libres para descansar de ser la filósofa más influyente del siglo XX. Nunca lo había visto así, hasta que las niñas lo dijeron durante mi cena de cumpleaños (y la de otras cinco cumpleañeras que también tuvieron la original idea de reservar en Toga aquella noche):

—El amor es una enfermedad, sentenciaron en la pausa antes del postre, y todas asentimos en silencio, como con la boca llena de nada. Conscientes de cada uno de los síntomas, de la capacidad para dejarte fuera de combate si te pega fuerte, de su padecer solitario.

El amor es un estado que pasa por el cuerpo con la ligereza y la gravedad de un resfriado común. Era noviembre, los virus campaban a sus anchas animados por el frío y a mi alrededor todes caían como diputades de Podemos.

Por alguna razón, yo estaba convencida de que me iba a librar. Pero eso fue antes de ver el mensaje de F. y fumarme doscientos pitis.

Siempre me pasa igual. Acumulo preocupaciones. Me las fumo toditas hasta que termino enfermando. Me paso una semana sin fumar, reponiéndome, reuniendo preocupaciones de nuevo, coleccionándolas, poniéndoles nombre, preguntándome si ese silbido en la faringe será normal, buscando los síntomas en Google, acabando con el historial de publicaciones en MedlinePlus. ¿Tos improductiva o viene del pulmón? Mortificándome porque fumar mata, matándome por fumarme un piti.

Para cuando me recupero, ya tengo suficientes preocupaciones para fumar a gusto hasta que vuelva a enfermar. Entonces, como si estuviera enamorada, me encierro en casa con un paquete de pañuelos, y hasta que se me pase. Pero yo no estoy enamorada.

Q

Qué pereza Tinder

En mi familia nunca fuimos muy goloses. Después de las comidas, la única opción permitida como postre era la fruta y, sin embargo, nunca se me pasó por la cabeza protestar siquiera por un yogur, como tampoco se me ocurriría desayunar gazpacho. Mi padre y mi madre habían erigido una dictadura nutricional basada en los fundamentos del sharp power, y la pregunta ¿Qué fruta quieres? descartaba cualquier otra alternativa sin prohibirla de forma explícita. La prueba fehaciente de que no hay mejor manera de subyugar a un pueblo que inculcándole un ritual que lleve implícito un tabú.

Esto sucedía invariablemente durante todo el año, hasta que llegaban las Navidades, ocasión en la que una avalancha edulcorada inundaba la casa de mazapán, cordiales y mantecados, panettone, turrón en todas sus variantes, y cuando, por supuesto, mi hermano y yo teníamos vía libre para arramblar con existencias, lo que me hacía concluir que llevarnos a un shock hiperglucémico formaba parte de la flamante estrategia de mis progenitores para que terminaramos odiando el dulce.

Dentro de esa lluvia de glucosa había una cajita de bombones de la que, cada año, escogía uno. Un solo bombón del surtido, tal vez movida por aquella concepción tántrica del azúcar que había heredado. Todos los años me sentí tentada por darle una oportunidad a una esfera de chocolate blanco recubierta por hilillos rojos, y todos los años acababa postergando el experimento, escogiendo en su lugar la misma pirámide de praliné con una avellana en el interior.

Q. trabajaba en una tienda de bombones de la calle Fuencarral. Hicimos match en enero, cuando las calles empezaban a limpiarse de hileras de luces y bolsas de regalos sacudiéndose a paso rápido, como cascabeles huyendo de la Navidad. Por aquel entonces yo acababa de abrir Tinder después de la ruptura, así que digamos que solo estaba mirando. En cuanto a Q., era de Valencia y algunas semanas antes se había mudado a Madrid. Intercambiamos números y me escribió por WhatsApp.

Q. no pareció darle importancia al hecho de que fuéramos dos desconocidas que todavía no habían mantenido una conversación, e inauguró el chat con un audio de tres minutos contándome las aventuras y desventuras de una clienta en busca de suficientes cajas de bombones sin azúcar como para abastecer a una fiesta de diabétiques. Después de escucharlo, seguía sin saber nada de la vida de Q., y preferí que siguiera siendo así. Ahí terminaba nuestra historia.

Fue casi un año después, antes de Navidad (de nuevo las luces, el frío, las bolsas de regalos, las meninas estroboscópicas por Gran Vía...), cuando volví a toparme con Q. por Tinder. Ignoro si fue un arrebato de culpabilidad por haberla juzgado demasiado rápido, puro afán transgresor o una racha de baja autoestima, pero decidí aventurarme y deslicé a la derecha.

Volvimos a hacer match, y le escribí disculpándome e invitándola a una cerveza para compensar mi ghosting. A Q. le pareció perfecto, aunque me confesó que no se acordaba ni de mí, ni de aquel episodio. Ese día dormí tranquila sabiendo que, puestas a hacer ghosting, mejor no dejar huella.

Un día antes de quedar, Q. me envió otro audio, y me eché a temblar. En esta ocasión, en cambio, no fue la voz de Q. lo que escuché en medio del griterío de un bar, sino otra distinta y, al mismo tiempo, extrañamente familiar.

Q. estaba acompañada por alguien, y esa persona era H., que resultó ser su vecina.

Al parecer, Q. y H. se conocían porque Q. se había enrollado con la ex de H. (la misma contra la que ese verano había competido haciendo flexiones y sentadillas isométricas a las once de la noche en la Tropi). Una sucesión de casualidades que confirmaba que en el mundo sáfico hay más endogamia que en la corte de los Austrias, pero sin la preocupación por que le niñe te salga tonte.

Quedé con Q. una noche en el Aleatorio. Ella me dijo que una amiga suya iba a recitar en el micro abierto de los miércoles y, o bien pensó que era buena idea invitarme, o bien se estaba vengando por lo del ghosting. Preferí pensar lo segundo.

Entramos y nos sentamos a una mesa alta cerca del escenario improvisado, compuesto por un micrófono, una alfombra de vinilo y una persiana desenrollada de tablillas de madera como telón de fondo para poder separar la poesía del baño.

Q. llevaba una chaqueta fluida de cuero negro, un jersey oscuro de cuello vuelto y unos botines chelsea, también negros. Señales inequívocas de que formaba parte de la facción gótica del club del micro abierto: el club de los poetas muertos, bautizado con ese nombre porque cualquier poeta que se precie elegiría morir antes que integrarlo.

Conforme se acercaba la hora, iban entrando más y más seguidoras de una y otra gang, y el bar empezó a adquirir el aspecto de una convención de Black Panthers y backpackers de Montparnasse. De entre ellas, hubo un grupo de cinco chicas que vinieron directas hacia nuestra mesa. Saludaron primero a Q. y luego a mí, a quien Q. presentó como Mi cita Tinder.

La única que me llamó la atención de todas fue, precisamente, la que venía con novia. También fue ella la que más se interesó por mí, bajo la atenta mirada de su pareja. En un momento en el que Q. fue al baño, la chica aprovechó para preguntarme qué tal estaba yendo la cita, y yo miré a la puerta esperando la irrupción de Anne Igartiburu con un ramo de flores en una mano y la otra señalando a la cámara oculta. No ocurrió, pero pasó algo peor: entonces empezó el show.

Solo hay una cosa que dé más pereza que una jam de poesía, y es una cita Tinder en una jam de poesía. Para quien no haya tenido el honor, aquello consiste básicamente en que un Bukowski con acento de Córdoba salga al escenario, ataviado con un sombrero borsalino y barbita de tres días, para clavar la vista en la pantalla del móvil y recitar con voz temblorosa un poema cuya estructura se caracteriza por alternar invariablemente las palabras ingravidez y evanescencia con alguna consigna reivindicativa.

Traté de concentrarme en las luces titilantes del letrero del Aleatorio, dispuestas sobre la persiana de madera detrás del escenario, mientras un chaval arremetía contra el capitalismo con una camiseta de Charmander, y empecé a fantasear con la idea de sufrir un ataque epiléptico. No quiero saber cuál sería mi cara en ese momento, porque Q. me cogió preocupada de la pierna y me preguntó si estaba bien. Me limité a responder que el problema era que me encanta la poesía, y esperar que lo entendiera.

Decidí marcharme después de que su amiga recitara. Q. insistió en acompañarme a la salida, y me indicó con el índice un portal para que nos sentáramos, justo delante de un contenedor mancillado por Acción poética. Creo que Q. esperaba que le diera un beso y, por una vez, me sentí cómoda refugiándome en mi búnker de la pasividad.

Como la poesía de Gabriel Celaya, El amor es un latido, un arma cargada que te apunta al pecho, y lo único de Q. que me apuntaba en ese momento era su mano con un mechero para que me terminara el piti. Q. era una chica agradable que me transmitía ternura. Desgraciadamente, la ternura no moja las bragas.

Al llegar a casa esas Navidades y abrir la cajita de bombones, lo tuve claro: se acabaron los experimentos, me quedo con el praliné.

Diciembre

Querida amiga:

F. y yo reanudamos la conversación. Los mensajes se extendieron durante meses, y de aquella correspondencia nació una intimidad particular. Era un acompañamiento en la distancia, una coexistencia inofensiva tejida en los pliegues invisibles de la rutina. Un vínculo que, como escribió Miguel Delibes, con su sola existencia lograba aligerar la pesadumbre de vivir. El problema es que aquel intercambio no existía más allá de la pantalla del móvil.

—¿No te das cuenta de que te está usando de banquillo? Esa chica solo quiere casito —repetían las niñas una y otra vez, y yo las miraba incrédula.

Está bien, solo eran mensajes. Pero ¿acaso era menos real por eso? F. y yo habíamos aprendido a existir en un tiempo sin espacio, a ser una presencia intangible que dar por sentada cada noche al acostarse, como la estampita de una Virgen.

La situación empezaba a volverse insostenible. Era ilusión y sufrimiento al mismo tiempo. La energía de novia llevada al extremo sin una novia a la que dirigirla. Pero ¿por qué iba a buscar más allá de F. si F. me prestaba atención? Me conformaba con la certeza de que aquella atracción existía. Estaba convencida de que, simplemente, no era el momento.

Pero cuanto más nos acercábamos, más daño nos hacíamos. Era el dilema del erizo. Pronto me di cuenta de que, mientras yo adoraba a una ausencia, F. se estaba marcando un *Hay más cuernos en un Buenas noches*, como en la mítica columna de Manuel Jabois. Daba igual amanecer con un buenos días cada mañana, que supiéramos detectar el estado de ánimo de la otra en apenas una frase. F. parecía convencida de su fidelidad mientras no hubiera sexo de por medio. Finalmente decidimos quedar para tomar una decisión.

F. apareció con un peto vaquero sobre un jersey de cuello vuelto morado, el pelo recogido en un moño suelto. Entramos en un bar cuyo interior recordaba a la cafetería de una estación de autobuses, con su luz blanca de halógeno, la carta plastificada con manchas de kétchup y ese olor suspendido a amoniaco y a despedida.

Nos sentamos y, por fin, después de medio año de silencio, F. me contó la verdad.

La verdad era que no estaba conociendo a nadie nuevo. La persona que había aparecido en su vida era su ex (pretends to be shocked). Acababan de dejarlo cuando nos conocimos. Una relación de cinco años repleta de vaivenes. En verano decidieron darse otra oportunidad. Es la última bala, aseguraba F. A mí me cuesta creer en las relaciones ave fénix que renacen de sus cenizas erigiéndose sobre un ultimátum, pero F. estaba convencida de su decisión.

Me confesó que llevaba semanas sintiéndose culpable. Había llegado a un punto en el que hablaba más conmigo que con su pareja. Pero, por mucho que tuviéramos un vínculo muy inusual, no quería dejar su relación. Eran cinco años contra, ¿qué?, ¿cinco citas? F. había dictado sentencia y el fallo era desfavorable para mí, sorpresa para nadie.

Lo mejor que podíamos hacer era dejar de hablar, desaparecer de la vida de la otra. No había nada que nos mantuviera en contacto. Nunca nos habíamos seguido en redes y no teníamos a nadie en común. Y de un día para otro, F. se volatilizó convirtiéndose en lo que siempre había sido: una idea.

En cuanto a mí, fue entonces cuando me di cuenta de dónde me había metido. Me despertó el olor a fango, la consistencia de la masa; demasiado líquida para caminar, demasiado sólida para nadar. El enterrarse de una misma con los ojos cerrados para después abrirlos y que se llenaran de barro, pero ahora sin poder ver a F.

R

Rupi Kaur, Romance, Ruina

R. era de esas personas que leen poemas de Rupi Kaur y se apuntan al micro abierto de los martes en la Búho real. Estaba aprendiendo lengua de signos, solo compraba ropa si era de segunda mano y libros escritos por mujeres que pedía, eso sí, por Amazon Prime. Era vegana y había dejado de comer gluten porque, puestas a confeccionar una lista de principios, mejor que sea extensa.

La vida de R. podría ser la de la protagonista de una película indie danesa, salvo porque a veces se le escapaba un ejque de Torrijos con el que no engaña a nadie.

Nos conocimos en noviembre. R. me esperaba en el interior de La cabra en el tejado, por La Latina. Me contó que era actriz, creadora, bailarina contemporánea (y lo que me echen, le faltó decir).

Era guapa. Media melena oscura, cejas y labios gruesos, nariz roma grapada al cartílago en los laterales y mirada expresiva (que es lo que se dice cuando los ojos son bonitos pero no tienen nada de especial). Tenía un parecido razonable con Winona Ryder que no dudo algún día le lance al estrellato en una serie de Atresmedia. Por el momento había debutado como actriz principal en ficción (un anuncio de hipotecas para jóvenes), y de vez en cuando curraba como asistente de eventos, donde por lo general para petarlo basta con gozar de una belleza canónica, medir más de 1,70 y no hacerse caca encima. La mayoría del sueldo, sin embargo, se lo ganaba cobrando entrada en una discoteca del centro.

R. hablaba como si le estuvieran haciendo una entrevista, con sus pausas premeditadas y figuras retóricas, e incluso se formulaba a sí misma preguntas para alentar el discurso. No le gustaba el *teatro tradicional*, decía que había quedado obsoleto y que para eso ya estaban las películas (Hay que romper la cuarta pared, cielo).

A mitad de conversación empezó a hablar en inglés (Do you mind if I switch to English, honey?). Entonces fui yo quien se sintió como en una entrevista, pero de trabajo. Podría haber pensado que era un alarde engreído, pero cuando una persona me resulta atractiva, tiendo a justificar esos pequeños detalles, así que me tragué el speech enterito sin rechistar.

Nos despedimos a las cinco de la mañana, después de dos cervezas y tres cócteles. Oh wow! Five hours non stop talking, that's pretty amazing, dijo, y me invitó a unirme con sus amigues a una jam session esa semana.

Al día siguiente amanecí con un mensaje de R.: le había surgido un bolo en Barcelona y no podría quedar. No volvió a dar señales de vida hasta dos semanas después. Cuando hablamos, me advirtió que estaba afónica:

Te cuento la situación... Estoy en reposo vocal absoluto. No voy a hablar con sonido. O sea, no puedo, cero.

Quizá debería haberla tomado en serio. Cuando me senté frente a ella en la cafetería solo sonrió y levantó las cejas. Así estuvimos tres o cuatro horas; yo leyéndole los labios y ella escuchándome hablar y enseñándome el abecedario en lengua de signos, a veces en español, a veces en inglés. Fue como un castigo divino por el monólogo de la primera cita, pero no sé para quién.

Las citas con R. eran interminables, pero a mí me gustaba. Estaba en ese punto de conocer a una persona que te atrae en el que sientes que el tiempo se estira y eres lo bastante joven como para ir al día siguiente a la oficina habiendo dormido dos horas. El único problema era precisamente ese: solo hablábamos.

La tercera cita fue por videollamada. Ella estaba encerrada en casa con un gripazo y pasamos otras cinco horas hablando sin parar. R. contaba que en ocasiones su abuela fallecida se le aparecía en casa, y yo ponía la misma cara que cuando mi abuela me sale con que el rostro de Dios es inmenso. La madre de R. era del Verbum Dei, que debe de ser como el Opus de los hippies. Me preguntó por mi signo del zodiaco, resultó que las dos éramos Sagitario, pero ella tenía la luna en Aries y yo debo de tenerla en eclipse por lo menos.

R. también disfrutaba de placeres mundanos. En una ocasión vino a casa para ver juntas *Drag race*, que viene a ser como el fútbol para los tíos; el opio de las bolleras. En lugar de patatas fritas y pizza, comíamos hummus con tortitas de maíz y palitos de zanahoria.

Al día siguiente quedamos de nuevo para patinar sobre hielo. Estuvimos dos horas rodeadas de gente dando vueltas en círculos, como si fuéramos un banco de peces. Acabé con algunos moratones en el culo. Lamentablemente no fue por culpa de R.

Las niñas ya empezaban a mosquearse y yo me preguntaba cuántas citas hacen falta para que las ganas de besar a una tía pesen más que la costumbre de no dar el primer paso que arrastro de mis años hetero.

El gran problema con R., y que en general tengo con las chicas, es que no domino el flirteo. La implicación emocional de las conversaciones llega a tal punto en el que el retorno a la ligereza del código del tonteo me resulta imposible. Hay quien me advirtió del riesgo de caer en la friendzone, como ya pasó con O. Yo pensaba que la sesión de terapia le salía gratis. Podría haber probado mi Manuale d'amore. Con P. funcionó. Entonces llegó *El mensaje*.

Enero (otra vez)

Querida amiga:

Ante un qué tal, una tiene dos opciones: puede decir *bien* o puede decir la verdad. Durante algunos meses, la verdad era que estaba mal y todo el mundo lo entendía. Es lo normal después de un desengaño amoroso. Pero tampoco hay que abusar. La paciencia tiene un límite y el malestar ajeno sostenido en el tiempo provoca pena, preocupación, frustración y hartazgo, en ese orden. El fenómeno se llama fatiga por compasión y explica entre otras cosas que la peña que curra en la UCI parezcan replicantes de *Blade Runner* (amiga, hay que entenderles: la antesala de tu muerte es su coffee corner).

Todo el mundo espera que rehagas tu vida y eso pasa, como mínimo, por cambiar de respuesta. Como no quería mentir, opté por una alternativa infalible. La combinación perfecta de humor y drama, realidad e hipérbole. Si me preguntaban qué tal, yo respondía: Sigo loquita de la cabeza.

La acogida fue inmensa. Nadie quiere ser testigo vitalicio de tu amargura, pero una loquita genera ternura, la gente ladea la cabeza y sonríe con indulgencia. Ay, pobre loquita, parecen decir. La respuesta me duró meses. Si todas las desgracias del individuo caben en un *bien*, yo había logrado condensar las mías en una respuesta sincera. Hasta que un buen día noté algo mirándome desde dentro, la presencia de una emoción distinta asomando tímida: estaba ilusionada, y eso era un problema.

Las niñas se dieron cuenta rápido. Interrumpieron la conversación durante una comida para llamar la atención sobre el hecho relevante: estás radiante, dijeron, y abrieron mucho los ojos mirando alrededor, buscando cómplices entre las mesas del restaurante. Puede que aquella ilusión saludándome desde dentro fuera todavía incipiente, pero el contraste de su aparición en medio del caos había bastado para llevarse todo el protagonismo y desplegar ahora sus encantos en mi cara. Me recordó a la escena de *Fleabag* donde Phoebe Waller-Bridge trata de esconder que tiene el guapo subido en el funeral de su madre.

Porque no debería estar ilusionada por otra persona. No, mientras siguiera echando de menos a F. Esta vez quería hacer las cosas bien. Pasar página yo solita, sin externalizar el duelo. Ponerme en barbecho hasta que lo que sea que fuera a clavarme dentro ocupara su propio lugar y no un vacío.

No quiero sentir que un clavo saca otro clavo, le dije a las niñas para justificar la contrariedad que me producía aquella nueva ilusión. Pero es que un clavo saca otro clavo, respondieron ellas.

—¿Cómo?

—Un clavo no saca un martillo, pero un clavo sí saca otro clavo.

Ahí estaban ellas, diosas. Adalides del refranero popular 2.0 refutando la corriente filosófica de Shakira y Karol G. Capaces de condensar toda su sabiduría en una frase aparentemente peregrina con la destreza de un monje taoísta. Lo importante no era la entidad de la ilusión que iba a clavarme en el cora, sino en qué convertía eso a su predecesora.

No es para tanto. Todas hemos sido el clavo de alguien alguna vez (que se lo digan a Jeremy Allen White). Nadie sale de una relación para correr a casa a embutirse en un batín de franela y guardar castidad hasta ver restañar las heridas del corazón. Bueno, sí, todas hacemos eso, pero durante un tiempo prudencial. Según Helen Fisher, se tardan unos cuatro años en disolver un vínculo. CUATRO. ¿Te imaginas cuatro años encerrada en casa llorando? Las glándulas lagrimales más secas que el Doñana.

Hay que vivir. El duelo es permeable y, después de una primera fase de catarsis masoquista y una segunda de amiga, date cuenta, toca distraerse: a Brad Pitt le da por esculpir, Angelina Jolie apadrina niños en Sierra Leona, y hay quien, como la Rosalía, celebra su cumpleaños como si fueran los Grammy (¿quién va a acordarse de su ex teniendo una tarta hecha con cigarros?). Luego está la gente corriente, que nos conformamos con entrar en Tinder, y pasa lo que pasa. Pero el problema no es que todas podamos ser el clavo de alguien. El problema es convertirte en el clavo de la persona de la que te has enamorado. ¿Había sido yo un clavo para F.? Evidentemente.

¿Por dónde iba? Ah, sí.

R. me envió una parrafada por WhatsApp a las cinco de la madrugada. Fotopolla no, pero nudes emocionales tengo para aburrir. Me decía que llevaba días con insomnio (and that's fucking me up), que yo le encantaba, pero que cuando sentía que algo iba en serio con alguien tendía a distanciarse (@apego evitativo). Quería hacer las cosas bien conmigo, pero me pedía paciencia. Yo empecé a pensar que terminaríamos casadas sin haber follado.

La séptima vez que nos vimos no puedo llamarla cita, porque duró tres minutos: era su cumpleaños, R. trabajaba de noche en la discoteca y me dijo que le haría ilusión que me pasara a saludar. Así que le compré una magdalena sin gluten, una vela, y le canté el cumpleaños feliz a las dos de la mañana en la puerta de la disco. R. decía que temblaba de emoción. Era mi momento, pero me puse tan nerviosa que en lugar de enrollarme con ella empecé a liarme un cigarro. No esperó ni a la segunda calada. La excusa fue que había mucha cola en la puerta y se marcó una bomba de humo histórica. Yo me terminé el piti, lancé una mirada de desdén hacia quienes se pelaban de frío en la puerta de la disco, me calé la boina y me fui con la dignidad en el subsuelo.

A la octava fue la vencida (que no vencedora, disclaimer). R. acababa de mudarse y me propuso quedar por su barrio.

Era una zona de Tetuán con muchas fruterías y pocos bares, así que cogí una botella de vino y fui a por todas. Nada, R. necesitaba que le diera el aire y terminamos bajo los tubos fluorescentes de un Granier. Ella se pidió un chocolate caliente y yo una lata de Mahou, y luego otra. En la mesa de al lado, una señora hablaba a grito pelado con el aire. Reconozco que podría haber sido más romántico. A las diez nos echaron del Granier porque cerraban, y R. me propuso subir a su casa.

En la habitación había una maleta enorme llena de ropa cubierta por más ropa, un colchón hinchable y un portátil en el suelo. R. puso música y me contó la futura distribución de los muebles. Yo asentía pensando si era mejor besarla entre No sé si poner la cama bajo la ventana o Me compraría un puf, pero ¿crees que será cómodo para sentarme a escribir? Al final me lancé mientras mirábamos lamparitas de noche de Ikea. No fue tan romántico como habría sido besarla tras soplar la vela de una magdalena sin gluten, pero el sexo en una habitación vacía sobre un colchón hinchable, bajo la luz de un Macintosh, es definitivamente más indie.

Al día siguiente cogí un tren para pasar Nochevieja en Murcia con mi familia (Perfect timing, R.). No hablábamos mucho, pero no le di mayor importancia. Lo atribuía a la desconexión propia de las fiestas y los encuentros familiares.

El 1 de enero, R. me envió una nueva parrafada: decía que llevaba días dándole vueltas a cómo decírmelo, que habría preferido hacerlo en persona, pero no era posible porque como yo no estaba en Madrid... Que en nuestro último encuentro se sintió extraña, y que se había dado cuenta de que en realidad le gustaba otra persona, pero que yo le parecía una tía maravillosa y que le encantaría tenerme como amiga.

Pensé que quizá había dos R. Eso, o que R. era una lianta de cuidado. Fue triste, pero en el fondo sentí alivio. Como cuando visitas un piso de alquiler que cumple todas tus expectativas, y te visualizas viviendo en él. Pero al mismo tiempo sientes que hay algo raro, y luego la casera te dice que se lo ha alquilado a otra, y te sientes triste, pero te alegras un poco porque sabes que ese piso no era para ti.

Algunas semanas después me di cuenta de que aquella ilusión no era más que eso, una ilusión. Un delirio sugerido por el engaño de los sentidos. Primera acepción de la RAE y no segunda, como había querido pensar. El clavo no dio la talla, se coló por el agujero y en su caída agrandó las dimensiones del vacío. La ausencia se hizo presente, y volví a echar de menos.

Como si no hubiera pasado un año, me vi en enero regresando a la casilla de salida. Pero esta vez sabiendo algo nuevo: que ese agujero dentro de mí no lo había abierto mi ex ni F. ni tampoco R. Que existía antes que ellas y que todas las que existieron antes que ellas, y que nunca encontraría a nadie para llenar un vacío que había dejado yo misma. A lo sumo, alguien que en lugar de señalar al agujero sujete mi mano mientras me asomo al fondo. Y casi tan importante como eso, algo más: que podía volver a ilusionarme.

S

Sugar mami, Silicon Valley, Supernenas

¿Qué puede ser peor que el que tu match de Tinder se presente con un bebé en la cita? Que lo haga con dos.

S. avisó de que llegaría con un carricoche de gemelas. Entré en el restaurante siguiendo sus instrucciones y pedí una mesa accesible para bebés. Nos dieron un hueco en el que podía celebrarse el cóctel de una boda.

Salí a la entrada para esperarla llegar y la vi subiendo con esfuerzo la acera en pendiente. S. empujaba con todo su peso el carrito doble. Los brazos muy estirados, el cuerpo casi paralelo al suelo. Vista en conjunto parecía un transformer con artrosis.

Llegó resoplando, el flequillo pegado a la frente perlada de sudor. Una legión de camareres se abalanzaron sobre nosotras para hacerse cargo de la maquinaria. Cuando entras con perros a los restaurantes, les camareres te miran mal y la peña se pega por tocarlos. Cuando vas con bebés, ocurre justo al revés: les comensales saben que has venido a arruinarles la cena.

S. tenía treinta y siete años y sonrisa de reptil. Le pasaba como a Rocío Monasterio, que enseña los dientes pero el resto del semblante no le sigue el juego.

Se consideraba una emprendedora porque, además de tener perfil en Vinted con doscientas prendas publicadas y una tasa de ventas del 70 %, había abierto una tienda de conservas (el Sillicon Valley de los garbanzos). Me pregunté por qué con tanto negocio no le daba para pagar a un canguro con quien dejar a las gemelas.

A S. le gustaba escuchar a Manuel Carrasco y Rozalén (la crisis de los cuarenta puede manifestarse en una falda de Desigual o en que en tu coche siempre suene Cadena Dial). Durante la primera media hora, la conversación giró en torno a las bebés y empecé a sospechar que quizá el match era en realidad con ellas. Había que darles la cena y, después, acunarlas. Me vi convertida sin quererlo en una combinación de canguro low cost, madrastra accidental y sugar baby. No sé en qué orden.

S. le había puesto a una de sus bebés uno de esos nombres ligeramente pomposos que hoy inundan los parques infantiles de Chamberí, y que eclipsaba por completo a la segunda gemela (el día de mañana, los Martines y las Olivias repoblarán Ponzano como clones de cuellos almidonados y blusas vaporosas recién salides de Icade). S. decía que la había llamado así en honor a su pintora favorita. Quién era yo para juzgar, pensé. Hay madres que castigan a sus hijas llamándolas Daenerys.

Nada más sentarnos, la gemela pintora se puso a berrear. S. la levantó en volandas y le olió el culete, sorprendida, y excusándose (¡las acabo de cambiar!) se marchó al baño.

Me quedé sola con bebé eclipsada, que me miraba fijamente con un biberón entre las manos. Entonces empezó el boicot: la gemela eclipsada tiró el biberón al suelo y me miró desafiante. Yo me agaché para recogerlo y se lo devolví con una sonrisa. Ella lo tiró de nuevo, se lo volví a dar, y así una y otra vez hasta que S. regresó. ¿Verdad que es un angelito?, preguntó. Me limité a sonreír mientras por mi mente desfilaban escenas de *Papá por sorpresa*.

Pedimos croquetas de boletus que bebé pintora se hincaba dobladas, mientras S. me contaba cómo de la teta pasaron directamente a los potajes y a la comida de autor. Yo recordaba cuando de pequeña mi padre tenía que disfrazarse de bruja y mi madre aprovechaba mi boca de susto para cebarme a papilla. Eso, y en cuánto le saldría la broma al mes a S. para alimentar a las bebés Berasategui.

S. era de esas personas rotundas que cada frase que sueltan va a misa y cada persona que las contradice queda sentenciada. Una Esperanza Aguirre de andar por casa. Hablando con ella aprendí que les de Podemos son todes unes maleducades y que Madrid está hecha una pocilga, especialmente por la ristra de maceteros con flores pochas que cuelgan de las paredes de la calle Pez. Creo que la culpa sigue siendo de Manuela Carmena, seis años después.

No has comido nada, dijo al terminar la cena, y me obligó a llevarme un túper con las sobras. Al día siguiente descubrí que me había borrado de Tinder, bloqueado en WhatsApp y dejado de seguir por Twitter. Pensé que quizá S. se dedicaba a tener citas con jovencitas para ahorrarse la canguro. Tal vez habría tenido más posibilidades con las gemelas.

T

Terror, Twin Peaks, Triángulo amoroso

Tinder es una ouija de vivas a la que se juega como a la de muertas: deslizando el índice con escepticismo y bajo el firme convencimiento de que te están tomando el pelo. Entonces, una noche de luna llena y tormenta eléctrica, un relámpago baña de luz tu cuarto y se te aparece un match. Empezáis a chatear, y os lanzáis preguntas absurdas como: ¿Por qué estás aquí? Hasta que, un buen día, el match se esfuma y no vuelves a saber nada más de aquella presencia. Es probable que haya sesiones de espiritismo más prometedoras.

T. tenía dos fotos en su perfil, solo en una salía de frente, y encima era en blanco y negro. Señal inequívoca de que su película favorita sigue siendo *Amélie* y cree firmemente que el filtro sepia lo está petando. Todavía me pregunto si lo que me llevó a darle like fue un impulso suicida.

Se me apareció en diciembre (*relámpago*), y no tardamos en continuar la conversación por WhatsApp. T. era una argentina de visita por Madrid. Vivía en Buenos Aires y había estudiado kinesiología, que es igual que fisioterapia, pero allí lo llaman diferente porque así pueden dar la chapa explicándote por qué. Recordé que, hace algunos años, la primera chica de la historia con la que hice match en Tinder venía de la misma ciudad y carrera. Y como no podía ser de otra manera en el mundo paranormal de Tinder, resultó que habían estudiado juntas, entre otras cosas.

Al cabo de unos días decidimos vernos. Ella había ido a casa de unas amigas, pero se desocuparía en un par de horas. Ya caía la tarde y le pregunté que dónde le venía bien quedar. Horas antes de la cita, T. desapareció (*relámpago*). Nunca más contestó, y yo opté por lo que debe hacerse ante este tipo de fenómenos misteriosos: actuar como si nunca hubiera existido.

Un mes después estaba yo tranquilamente en casa con treinta y nueve de fiebre, cuando recibo un mensaje. T. aparecía de la nada, disculpándose como quien llega diez minutos tarde a una cita. Por alguna razón, seguía en Madrid de visita, y me propuso quedar al día siguiente. Le respondí que lo tenía un poco complicado, y le conté la situación. No sé en qué momento pensó que estaría dispuesta a dejar mi salud en sus manos, pero la tía se ofreció a traerme a casa ibuprofeno. Como si ahora el ghosting se pagara con tráfico de medicamentos. Quise creer que estaba delirando. Con el tiempo descubrí que aquello era un presagio de los dolores de cabeza que estaban por venir. Tenía que haber aceptado el ibuprofeno.

Volvió a hacer aparición estelar en febrero. Esta vez no estaba de visita. T. había venido a Madrid para quedarse, y decidimos vernos. Me dijo que curraba en el Decathlon, así que fui a recogerla al terminar (no sin antes aprovechar el viaje para comprarme una esterilla de yoga, ahora que al fin he asumido que mi ex no me la piensa devolver).

A las nueve de la noche, una chica menuda salió del Decathlon y se dirigió hacia mí (*relámpago*). Tenía el pelo negro y la piel muy blanca, atravesada por facciones delicadas y unos ojos azules magnéticos que parecían pedir permiso para mirar. T. iba a la misma peluquería que el resto de las bolleras de Argentina, en cuyo catálogo, como en Corea del Norte, solo tienen tres cortes de pelo. A juzgar por el resultado, juraría que no supo decidirse y terminó pidiendo los tres.

T. hablaba con una lentitud exasperante, como si le estuviera dando un ictus. Era fan de *Twin Peaks*, del cine de Gaspar Noé, y tenía una fijación especial por las luces rojas de neón. Todas señales indicativas de que estaba poseída por el espíritu de una chavalina terminando el grado de dirección de foto de la Ecam. Me contó que, desde que le pagaban el sueldo en euros y no en pesos, había caído en una espiral capitalista que le incitaba a comprar productos absurdos por Aliexpress. Si quieres ser una auténtica bollerita occidental, le dije, tienes que hacerte con unos pies de gato, una monstera, una silla Acapulco y un libro a escoger entre Sara Torres y Alejandra Pizarnik, en función de lo intensa y oscurita que seas.

Todo parecía ir sobre ruedas. T. quería que en nuestra segunda cita fuéramos a tomar unos mates al atardecer a la dalieda de San Francisco. Cuando se lo propuse, días después, volvió a marcarse una bomba de humo. Pero entonces ya sabía que iba a volver (*relámpago*).

Notificación de LinkedIn:

F. ha visto tu perfil.

T. era uno de esos espíritus malignos que aparecen y desaparecen según su voluntad. Un poltergeist con acento argentino.

Pero era precisamente la cadencia de su voz lo que me hipnotizaba. Un arma que T. enarbolaba sin ningún pudor y que sabía infalible. Cuando, tres semanas después, me vino con que Che, linda, perdoná... Estuve reocupada con el laburo, mi mente me decía: Pelotuda, mandála al orto. Pero mi cuerpo solo quería bajar las escaleras haciendo el puente poseída por ese acento.

Empecé a tener la sensación de que, en el transcurso de vida entre aparición y aparición, T. no existía, lo que hacía que me preguntara qué sería de ella mientras permanecía oculta y, todavía más importante, si desaparecería para siempre antes de poder descubrirlo.

Una de las primeras cosas que debes asumir al empezar a usar Tinder es que en cualquier momento puedes ser víctima de un Voy a por tabaco. Aquel cliché que creías relegado al imaginario colectivo de Texas y las novelas de Paul Auster, en Tinder es el pan de cada día. La consecuencia última del imperio del individualismo en la gran ciudad: que llegue el día en que tus vecinas, la frutera y tu match nunca más sepan de ti.

T. no fumaba, pero fue a comprar tabaco muchas veces y, cuando regresaba, me proponía quedar con una urgencia pasmosa: ¿Nos vemos esta tarde? Un ímpetu equiparable al de una follamiga, pero sin la mejor parte.

Estábamos en una terraza por Malasaña cuando le conté la noticia. Mi primer match de Tinder, la otra argentina kinesióloga, me había avisado de que venía a Madrid unos días, y tuve la brillante idea de proponer tomar algo las tres. Un plan sin fisuras.

Entonces, T. soltó prenda. Además de estudiar juntas, mi primer match y ella habían estado enrolladas hace años. Por lo visto, no funcionó. Estupendo, pensé. Solo faltaba yo para cerrar el triángulo.

A T. también le pareció una propuesta ideal. Nos dimos cita en La estupenda bar, un garito que le encantaba por estar ambientado en *Twin Peaks* (a tenor de sus desapariciones, cabe la posibilidad de que T. fuera una reencarnación porteña de Laura Palmer). Esa noche nos emborrachamos, T. y mi exmatch contaron cómo se habían roto el corazón la una a la otra y yo confesé cómo se lo había roto a mi exmatch. Los perros se huelen el culo para trabar amistad. Las bolleras hacemos esto.

Un par de días después, y uno antes de que mi exmatch regresara a Argentina, volvía yo de un cumpleaños a medianoche cuando se me ocurrió otra maravillosa idea (aparentemente estaba sembrada): ¿Por qué no salir de fiesta todas juntas?

Mi exmatch se trajo a su prima pequeña, que resultó ser otra bollera argentina con mucho acento y dos lunas en los ojos. Terminamos a las cuatro de la mañana en el Fulanita, la discoteca sáfica por excelencia en Madrid, frecuentada por la misma clase de fauna que se congrega en un club de bingo: primerizas que acuden atraídas por la novedad de la experiencia y que juran que nunca volverán después de ver el percal, y bolleras de la tercera edad que un día juraron no volver y ahora están abonadas bailando *Las babys* de Aitana con un cubalibre en vaso de tubo.

Ahí estábamos las cuatro, contemplando desorientadas una nube lésbica. Dudando entre si a esas alturas era mejor mimetizarse o huir. Me recordó a cuando, con dieciocho años, llegué a Madrid ávida por exprimir la noche en la gran ciudad y acabé en un pub de Huertas vacío, con un flyer por un chupito gratis en la mano. Podría haber sido la escena de una comedia española, pero las grandes productoras todavía van por la parte de salir del armario.

La cita fue tan bien que no me lie con ninguna. En lugar de eso, bailamos mucho, y descubrí que T. era de esa peña capaz de aguantar un *Zúmbale mambo pa que mi gata prenda los motore* con el mismo estoicismo con que reaccionas después de darte un golpe de meñique contra la pata de una mesa. Yo le preguntaba si se lo estaba pasando bien, y ella respondía: Rebién. Entonces supe que T. no era una chica enigmática, solo un poco muermo.

Semanas después resolví el misterio de la vida oculta de T.

Salía con unas amigas de Teatros del Canal cuando me la encontré. T. caminaba con la mirada fija al frente, a paso tranquilo. A su lado iba otra chica. Bajé la vista y las vi agarradas de la mano. Entendí los voy a por tabaco, los vaivenes entre aparición y aparición, la urgencia por quedar cuanto antes.

Nunca supe qué tipo de relación tenía con aquella muchacha, preferí no interrumpirlas. En su lugar, descubrí que ya no hacía falta que me esforzara: los fracasos podían llegar a mí sin necesidad de mover un dedo. También me di cuenta de que probablemente la vida de T. fuera más real que la mía, lo que me dejaba con el papel de Nicole Kidman al final de *Los otros*. Si el fantasma era yo, ya era hora de desaparecer de la vida de T. y retirarme a vagar como alma en pena por el inframundo de Tinder.

Marzo

Querida amiga:

Se olvida a pesar de una. Una puede tener la sensación de estar en ello, dirigiendo una acción con convencimiento, lanzando gestos crispados al aire de forma descoordinada como un director de orquesta. Una actuación tras la que ocultar que, por mucho que te empeñes, conseguirlo no está en tu mano. Como Buscar, según Pizarnik, Olvidar puede indicar acción, pero su naturaleza es pasiva. Se puede querer olvidar, pero solo se olvida sin querer.

Al tercer mes intentando sacármela de la cabeza, me di cuenta. No tenía ninguna intención de olvidar a F. Había llegado a la conclusión de que prefería que estuviera en mi vida de alguna forma a verla desaparecer por completo, y la idea de que bastaba con escribir un mensaje para retomar el contacto era suficiente para amenizar la espera.

Hasta entonces había resistido la tentación; el ritual de autoconvencimiento con su aguijón en la columna empujándote a coger el móvil, el hormigueo en el estómago por la decisión tomada, el subidón antes de pulsar enviar, la certeza de que ya no hay vuelta atrás. Había sorteado todo eso y podía aguantar un poco más. Como si por abandonarme al barro me hubiera convertido en barro también.

Pasaron tres meses ahí metida. Pujando por salir, escuchando las voces de las niñas, y de D. y también de P. y de O. cuyas manos, tendidas hacia mí, ya no podía ver. Tres meses para olvidarme de F.

—Va a volver —se limitaba a decir O. y ponía cara de vidente con la mirada perdida en el pasado.

La realidad es que nunca sabré cuánto más hubiera aguantado antes de rendirme y volver a F., porque, efectivamente, fue F. quien volvió.

Sucedió un domingo por la noche. Había logrado disponerlo todo para acostarme temprano y empezar bien la semana. Estaba a punto de meterme en la cama, cuando la pantalla del móvil se iluminó con una notificación: alguien había visitado mi perfil de LinkedIn. Ese alguien era F.

Ahí estaban. De nuevo las dos púas verdes, la sonrisa perfecta, el pelazo moreno que por cubrir un hombro le desnudaba el otro. La expresión congelada en la imagen en miniatura y la idea de que un día apacible que ni siquiera el desorden del mundo había logrado alterar podía estallar por una foto de perfil.

Podría haberlo dejado pasar. Seguir con mi vida, darle la espalda a aquello que había tratado de evitar y a la vez deseado con todas mis fuerzas.

Tardé tiempo en confesarle a las niñas que había caído de nuevo. Tres meses tirados por la borda en un ¿Cómo estás?

Empecé a reconocerlo solo después de que mi psicóloga me explicara que, aunque sonara contradictorio, al escribirle estaba marcando límites. F. había jugado la ficha de entrar en escena sin hacer ruido. Yo había decidido apuntarle con el foco. Los sesenta euros mejor invertidos del año.

—¿Estás convencida de querer reanudar el vínculo?, ¿o resignada por ser incapaz de perderlo? —preguntaba P. Y en aquel matiz se enterraba la raíz de todo duelo.

P. había seguido con atención la historia y me miraba como quien entra en el cine a la última de Woody Allen; con la sospecha de asistir por enésima vez al mismo drama romántico con distinto nombre y el temple de quien sabe que no queda otra que esperar al final para decir: lo sabía.

Lo de los límites duró poco. Pasamos el lunes hablando durante horas. Sacándole partido al chat de LinkedIn, esa red social utilizada para cualquier cosa que no sea buscar trabajo. Entonces lancé la pregunta:

> ¿Te apetece quedar?
> ¿Quieres quedar conmigo aunque no haya cambiado mi situación?

Con *mi situación*, F. se refería a que seguía felizmente enamorada de su pareja. Yo le confesé lo que para mí había sido una revelación y para mi amiga P. una renuncia: que prefería intentar ser su amiga. F. no debió de verle pegas al argumento, porque me propuso escalar ese mismo día. Yo había quedado precisamente en ir con un par de colegas, así que decidimos vernos allí.

Un rocódromo es la versión healthy de *Mujeres y Hombres y Viceversa* (con kombucha en lugar de anabolizantes): un lugar que congrega a un montón de peña musculada que se da cita para agarrarse al mayor número de presas posible, donde el objetivo es ponerse a la altura de un primate y a primera vista resulta imposible identificar quién es bollera.

La reconocí al fondo, en la zona de vías. F. estaba de espaldas mirando destrepar a una chica. Me alejé de mi grupo y fui hacia allí. Cuando estaba a un par de metros de su espalda, F. se dio la vuelta y me vio. No hubo sorpresa, solo nerviosismo. Nos dimos un par de besos y procedió a presentarme a la destrepadora, que ya tocaba el suelo, y a otra chica sentada junto a ella. La primera era su ex y, la segunda, la ex de su ex.

F. lo llamaba *excalar*, y yo pensé que era la prueba definitiva de que *La amiga de mi amiga* es una versión soft de un día en la vida de toda lesbiana. Eso, y que hacerte amiga de tus ex es la única manera de no tener que elegir entre ser lesbiana y tener amigas.

Está bien. Puede que el plan inicial fuera ir con colegas a escalar, *excalar*, o lo que fuera. Pero yo pensé que, al terminar, F. y yo buscaríamos un hueco a solas para ponernos al día después de tres meses sin hablar (LLÁMAME LOCA). No fue así. De no dirigirnos la palabra pasamos a estar apiñadas en la mesa de un bar: F., la ex de F., la ex de la ex de F., un colega mío que gracias a Dios no se enteró mucho de la movida, y yo. He visto cenas de Navidad menos forzadas.

A partir de aquel lunes, el vínculo con F. volvió a instalarse en la cotidianeidad, y los mensajes, los audios, las buenas noches, ocuparon esa butaca que acaso ninguna nos habíamos atrevido a desechar. Como si aquel intercambio hubiera seguido existiendo más allá de nosotras, a pesar de la distancia. La novedad era que, al renunciar a cierta cercanía emocional, me había ganado un contacto físico que antes no teníamos.

Además de hablar todos los días, F. y yo empezamos a quedar todas las semanas. Como amigas, claro. Íbamos juntas a *excalar*, quedábamos para pasear por el parque o a tomar algo, y hasta llegué a meterme a ver con ella, su ex, y otro ex rollo de su ex un documental sobre prostitución que resultó estar organizado por una asociación ultracatólica, lo que me hizo pensar que o bien F. estaba intentando librarse de mí, o bien que de vez en cuando me sometía a pruebas inesperadas (de amistad).

Porque eso es lo que éramos: amigas. Hacíamos todo lo que una pareja podría hacer, pero sin enrollarnos, que es lo que hacen las amigas (y también muchas parejas). Y aunque podría considerarme partidaria de la corriente Rosalía-Tokischa, le había vendido una amistad, así que tenía que medir mis acercamientos. Esto consistía en que no le tiraba la caña explícitamente. Solo le escribía con frecuencia, la escuchaba, me interesaba por ella, le daba consejos... Como amiga, claro.

No fue fácil. Asumir la derrota, aprender a mirarla como miraba a otra gente. Esperar que, por ponerle otro nombre a la idea de F., la imagen concebida en mi mente cambiaría, y solo quedaría la F. humanizada. Una F. que no debería gustarme.

Pero F. tampoco ayudaba. Estaba suscrita a mi newsletter y, de vez en cuando, al reconocer su inicial en alguna historia, volvía a preguntarme si ya la había olvidado. Nunca entendí bien por qué lo hacía: si por lamer heridas, sentirse especial, o con la esperanza de que la olvidara de verdad. Como si olvidar, más que un rumbo, fuera un destino marcado en un mapa de carreteras.

U

Ultrarrica

Podría haberme comprado una moto eléctrica. Coger el dinero, entrar en un concesionario, dar una vuelta saboreando el olor a chasis nuevo hasta dar con uno que me convenciera, hacerle un gesto con la cabeza al mozo, pasar la mano por el asiento de polipiel y decir: ¿Ves esta de aquí? Me la llevo puesta.

Con el dinero invertido en primeras citas de Tinder podría recorrer en suave traqueteo las calles empedradas de Madrid Central a lomos de mi motorcito libre de emisiones, como un *Easy rider* versión Agenda 2030. Soltera, pero motorizada y sostenible. Podría haberme cascado ocho cruceros (OCHO) de una semana por las islas griegas, cincuenta tratamientos de radiofrecuencia facial, o tirarme un mes tajada a piñas coladas del todo incluido en un hotel cinco estrellas de la Riviera Maya, los párpados pegados por el sol y la sal en ese estado de feliz embriaguez que te convierte en un ser ajeno al eritema solar.

No lo digo por decir. He hecho el cálculo. Desde que mi ex y yo lo dejamos habré tenido un promedio de dos primeras citas y media al mes (tómese la media como se quiera). A cuatro cervezas por cita, más unas cincuenta sesiones de terapia (porque usar Tinder de forma continuada y seguir queriendo vivir solo se consigue con apoyo profesional), el resultado es una scooter de gama media. ¿Follaría menos? No lo creo. ¿Habría encontrado el amor? A quién le importa el amor pudiendo tener el cutis perfecto después de un par de sesiones de radiofrecuencia.

Cuando hice match con U. ya había invertido buena parte de mi capital en citas y una más no iba a sacarme de pobre. Además, por aquel entonces F. y yo acabábamos de retomar el contacto como amigas y necesitaba distraerme urgentemente.

U. y yo decidimos quedar un viernes por la tarde, una semana después de San Isidro. Ella era de Colombia, pero había vivido toda su adolescencia en Ciudad de México y propuso tomar algo en un mexicano de Manuel Becerra. A las siete y media llegué al sitio. U. todavía no había aparecido, así que esperé fuera. Diez minutos más tarde me envió un mensaje: Estoy sentada al fondo. U. había tenido que cruzarse conmigo sí o sí en la puerta y, si no nos habíamos reconocido, solo podía deberse a dos motivos: o U. era increíblemente más guapa en persona, o no tenía nada que ver con sus fotos de Tinder. No creo que haga falta resolver este misterio.

Abrí la puerta y entré en el local. Como ocurre con todos los restaurantes mexicanos, aquello estaba decorado como si les dueñes le hubieran dado a su hije de cinco años una caja de plastidecor con la única orden de explorar los límites de la gama cromática en paredes y sillas. Puro método Montessori.

Cuando la vi en una mesa del fondo confirmé mis temores, y me pregunté si todavía estaba a tiempo de dar media vuelta y salir pitando de allí con una calavera mexicana en la cabeza. Juro que aquel pensamiento apenas duró una milésima de segundo. Básicamente porque, en ese momento, U. levantó la vista y sonrió. Game over.

Descubrir a mitad de cita que tu match no te gusta es una putada. Pero ¿qué pasa cuando la cita ni siquiera ha empezado? Aquello se parecía a cuando de pequeña, en la feria de la playa, convencía a mi tía para montarme con les mayores en aquel tronco macabro que daba vueltas centrifugando niñes y, a mitad de la cola, me rajaba con el billete en la mano y mi tía me obligaba a entrar: ¿No te habías empeñado? Ahora apechugas. Opté por la misma estrategia que entonces: cerrar los ojos y esperar que pasara rápido.

Nos dimos dos besos y me senté frente a ella. U. tenía media melena rubia cortada por debajo de las orejas, los ojos como dos grandes almendras tostadas y sonrisa amplia y prominente, como si llevara una dentadura postiza dos tallas más grandes. Vestía una blusa blanca de viscosa con un par de cintas anudadas al cuello. El tipo de blusa que solo se ponen alumnas del campus de Ciencias sociales y jurídicas, ejecutivas de cuentas de agencia e Inés Arrimadas.

Me pedí una Modelo Especial y ella un margarita de fresa. Cuando la camarera ya se había dado la vuelta con la comanda, U. volvió a llamarla para precisar con la mano levantada: Mi margarita, que sea de *frooozen* fresa, y abrió mucho la boca en la *o*, marcando las sílabas en perfecto acento americano.

U. trabajaba en una empresa de márketing. Había estudiado en Monterrey y después en Estados Unidos, donde se sacó un MBA, que es como meterte en ADE, pero pagando el equivalente a la entrada de un piso. En su tiempo libre le molaba currar organizando festivales de música. Ella se encargaba de la gestión artística y aprovisionamiento, que básicamente consiste en asegurarse de que los grupos siempre tengan un pollito de farlopa encima de la mesa.

La camarera llegó con las bebidas, una carta de comida y nos preguntó si pensábamos pedir algo de cena. Como ya hemos visto en fracasos anteriores, siempre que puedo, evito cenar en una primera cita. Hay polvos menos íntimos que una cena. Me había preocupado por quedar lo bastante pronto como para sortear la contingencia, pero U. parecía decidida. Bebió un sorbo de su margarita, agarró la carta y dijo:

—Mejor compartimos, ¿no?

Siendo mexicano, era un pecado que no fuera ella quien eligiera la comida. Craso error. Después de un vistazo rápido, U. se pidió otro margarita y el plato más caro de la carta: unas gambas flambeadas con tequila, licor de pastis y brandy. Mi única aportación fue preguntar si había extintores cerca.

—¿Picantes? —preguntó la camarera.

Me encogí de hombros, a lo que U. respondió a la camarera con un *Lo normal*.

Mientras la camarera le daba vueltas a las gambas con el soplete y yo comprobaba que no hubiera objetos inflamables al alcance y la ubicación de la salida de emergencia, empezamos a hablar de lugares de jangueo.

U. era parroquiana del eje Castellana; ese circuito de garitos exclusivos ubicados en plena milla de oro, caracterizados por un decorado que sufre de incontinencia de plantas selváticas y terciopelo rojo, que constituyen la mayor concentración de brazos tatuados y operaciones estéticas de la capital, y cuya fórmula del éxito pasa por hacerte pagar veinte euros por un trozo de sushi escuchando a Omar Montes lo suficientemente alto como para no tener que entablar conversación con nadie.

—Y tú, ¿por dónde sales?

Cuando respondí que, más allá de la Tropi, iba bastante por Lavapiés, U. abrió mucho los ojos con forma de almendra y preguntó, casi espantada:

—¿Y qué tal?

—Bien.

—¿No es muy peligroso? —insistió, mientras lamía los cristalitos de sal de su margarita.

Quise pensar que hacía poco tiempo que vivía en Madrid y había llegado con una concepción desfasada que nada tenía que ver con la postal actual de Lavapiés; un barrio colonizado por tiendas modernas y cafeterías con aire alternativo donde les guiris hacen cola de una hora para descubrir los secret spots de la capital. En otras palabras: Malasaña con aroma a curry. Pero no, resulta que U. llevaba seis años (SEIS) viviendo aquí y jamás había pisado Lavapiés.

U. me contó que estaba mirando casas, de ahí su vasto conocimiento geoestratégico de los distritos madrileños. Su padre y su madre tenían cierto patrimonio y, por medio millón, les concederían la golden visa. Qué chollo, solté. No alcancé a decir mucho más; acababa de probar el plato y tuve que dar un trago largo a la cerveza para no morir por combustión espontánea.

Mientras U. me miraba completamente ajena a la hoguera que había prendido en mi boca, empecé a acabar con las existencias de cualquier líquido al alcance de mi vista. Incluso le pregunté con disimulo (o eso quise creer) si podía probar su frozen margarita antes de ir al baño para continuar mi expedición en busca de nuevas fuentes en las que ahogar la lengua.

No, definitivamente no había nada que pudiera compartir con U. más allá de aquella cena. O eso quise creer hasta que, con cuatro frozen margaritas encima y después de hacerme un tercer grado sobre mis últimas relaciones, U. se lanzó en un soliloquio desesperado sobre Tinder. Me confesó que estaba cansada de aquella búsqueda estéril, de invertir energías en gente que un buen día se esfuma sin mediar palabra, como si el tiempo de una persona no tuviera valor por ser desconocida.

Yo la miraba entre la ternura y la sorpresa. Era un lamento que buscaba en su abandono algo de complicidad, un pequeño gesto de match a match y, por primera vez en toda la cita, sentí que había algo que nos unía.

No duró mucho. Después de pagar en aquella cena más que por cualquier celebración navideña, U. y yo nos separamos y nunca más volvimos a hablar.

Quedar por Tinder se parece bastante a viajar en Blablacar: durante horas, le cuentas tu vida a una desconocida. Te abres en canal, compartes tus miedos y aspiraciones. Después te despides y no vuelves a saber más de ella. Al menos nosotras salimos con la certeza de que, puestas a invertir en algo, mucho mejor la moto (o un pisito en Lavapiés).

Conversación de WhatsApp con F., 23.30 horas:

Q tal la cita?

Un desastre

Pooor?

Casi me quemo la lengua

JAJAJ besaba mal o qué

Ya lo leerás

Cuentaaaaaaaaa

V

Virginia Woolf, Virginidad, Verunapeli

Cuando le propuse quedar en el María Pandora, V. no tardó en acusarme de chica soft. Yo no había escuchado ese término en mi vida, pero no me costó mucho imaginar que se refería al selecto club de sáficas intelectuales que no salen de casa sin un libro de Sylvia Plath y organizan akelarres victorianos en Malasaña con una botella de Protos. Como el círculo de Bloomsbury, que quedaba para leer y acababan follando, pero al revés. Por supuesto, negué la mayor, mientras sacaba a toda prisa *La campana de cristal* del bolso antes de salir de casa.

V. me esperaba sentada en la única mesa del interior del bar bañada por una franja de luz naranja. Tenía los labios gruesos y la piel morena y recia. Llevaba la cabeza cubierta por un gorro de lana rosa, el pelo negro y rizado recogido en trenzas cosidas. Quedamos en abril, pero todavía hacía frío, así que al llegar monté mi estriptis de hipocondriaca invernal, consistente en dar vueltas sobre mí misma quitándome gorro, abrigo, bufanda, chaqueta y un jersey extra que siempre llevo sobre otro jersey fino, porque nunca se sabe.

Después de presenciar el espectáculo, V. soltó con media sonrisa socarrona: Hace calor, ¿eh? Lo dijo modulando el tono, como para parecer sexy, pero a mí me recordó al doblaje de un quarterback ligando en una película americana. No salí corriendo por la pereza de tener que abrigarme de nuevo.

Era consciente de que aquella cita era una apuesta arriesgada. Tras varios fiascos de expectativas vs. realidad, había resuelto que era hora de cambiar de estrategia y dejar de fiarlo todo a las apariencias. Con V. quedé sin tener muy claro cómo era físicamente.

Tinder es una ruleta rusa controlada por tu inestabilidad emocional. La mayor parte del tiempo te sientes dueña de tus decisiones. El tambor gira a uno y otro lado con una cadencia regular y escoges perfiles siguiendo un patrón definido. Hasta que, un buen día, petas un cable y la bala sale directa a la sien. Esa bala fue V.

V. era una outsider de Tinder. De esta peña que suda de la regla número uno del juego (norma que todas odiamos, pero respetamos porque constituye la base del Estado de derecho de la app): que, como mínimo, subas una foto donde se te vea la jeta. V. apenas tenía tres, y tuve que armar un puzle mental de su cara a partir de un selfi con mascarilla y el reflejo de su perfil en la ventanilla del metro. Lo peor de todo es que fue la tercera foto la que me decidió, y ni siquiera salía ella. Eran sus manos sosteniendo un libro. Técnicamente hice match con Roberto Bolaño.

Me senté, pedí una copa de vino y ella un doble. V. me contó que había nacido en Costa Rica, pero desde pequeña estuvo viviendo entre Madrid y Suiza. Estudió Filosofía, Arquitectura, y ahora estaba terminando un máster en escenografía teatral. Además, decía, había aprendido alemán para poder leer a Marx. No hacía falta, le dije: desde hace algo más de cien años es posible leerlo en castellano y cuesta entenderlo igual. Pensé en confesarle que yo también intenté aprender alemán en la universidad, pero no me pareció necesario revelar cómo mientras ella arrasaba con la totalidad de la oferta educativa del plan Bolonia, yo tardaba un año y medio en aprender a decir Me gustan las patatas fritas.

A V. le gustaba escuchar a Cecilio G y La Blackie, las Adidas yeezy y hacer fotos mal encuadradas en lugares públicos que luego subía a Instagram con títulos abstractos. Vivía con su familia por Chamberí, y se quejaba de que usaran toallas de Louis Vuitton para secarse las manos.

Como Marx, también V. era una víctima del capital. Su lucha de clases pasaba por actuar al filo de la legalidad con pequeñas travesuras, como pillarse un libro de la estantería del María Pandora, o regalarme una regadera de plástico verde que robó del parque infantil de la plaza de Oriente.

La segunda cita fue en mi casa. V. quería ver *Happy Together*. Wong Kar-wai era su director de cine preferido, le encantaba la dirección de foto de todas sus pelis. Yo no la había visto y tenía proyector, así que me pareció una gran idea. Lo que V. no sabía es que, cuando quedo para ver una película, tengo la mala costumbre de querer verla. Las niñas se ríen de mí porque dicen que hay un botón llamado pause al que puedo recurrir en caso de emergencia, pero a mí eso me deja con la sensación de hacerlo todo a medias. Tal vez tendría que haberle hecho un spoiler de mi manía antes de darle al play y que V. me pusiera la mano en la pierna.

Mayo

Querida amiga:

Una de las señales que indican que una chica me gusta es que decida presentársela a las niñas. Da igual que la acabe de conocer. Puede que el tiempo sea una variable importante para hacer oficial una relación, pero no para ver algo en otra persona. ¿Ver qué? Estoy siendo muy específica: algo. Una parte de ti escondida (en otro ser, en la inclinación del sol a determinada hora, en un verso), que desde ese otro lugar te toca y te conecta con el mundo. No fue eso lo que ocurrió con V.

Fue simplemente una coincidencia. El viernes, las niñas me escribieron justo antes de volver a casa por si estaba por Chueca. Yo había quedado con un par de colegas, pero se fueron pronto y, antes de retirarme, quise pasar a saludar a V. Así que cuando ellas llegaron, mi match todavía estaba allí.

Días más tarde, durante una comida, comentamos el episodio. Las niñas convenían en que V. era monísima, pero que me había empeñado en que a mí esa chica no me gustaba.

Como si fuera pura cabezonería. Una idea loca que se me había metido en la cabeza con la misma obstinación con la que une niñe de cinco años agita los puños y esconde los labios para no comer. El objeto (la comida, el rollo) es lo de menos. Lo importante es la privación; el acto consciente de no querer algo para dejar claro que en realidad quieres otra cosa.

He de admitir que las niñas tenían un poco de razón. V. era mona, mostraba interés, nos entendíamos bien dentro y fuera de la cama... y cuantas más razones objetivas encontraba para justificar que podía gustarme, más lejos me sentía de ella. Por ser específica, faltaba algo.

¿Qué hace que nos enamoremos de una persona y no de otra? Helen Fisher cuenta en uno de sus libros que la respuesta es una constelación de varios factores simultáneamente presentes: externos (que sea el momento, que existan obstáculos para darle vidilla a la cosa, que haya misterio...) e internos (las semejanzas, el mapa del amor de cada una, incluso el olor). Y es probable que tenga razón, la señora lleva estudiando el tema más de veinte años.

En mi caso, creo que ese algo tenía que ver con el mapa del amor, como lo define el sexólogo John Money. Básicamente necesitaba encontrar en la otra persona algo de potencial idealizador. En otras palabras, la posibilidad de proyectar en ella el ideal de una misma. Como escribió Pessoa en el *Libro del desasosiego*: Nunca amamos a alguien en concreto. Amamos tan solo la idea que nos formamos de alguien. Es un concepto nuestro —es, en suma, a nosotras mismas— lo que amamos. Esto es verdad en toda la escala del amor.

Es el proyectarnos en otro ser lo que nos conecta con el mundo, anulando la idea de separatidad. En palabras de Erich Fromm, la separatidad es esa conciencia de nosotras mismas como una entidad separada del mundo. La conciencia de nuestro breve lapso de vida, del hecho de que nacemos sin que intervenga nuestra voluntad y morimos contra nuestra voluntad. La conciencia de nuestra soledad que hace de nuestra existencia, separada y desunida, una insoportable prisión.

Las mejores cosas de la vida nunca gustan por primera vez. Pasa con el café, la cerveza, el queso azul, *The Wire*, el tabaco, el tercer álbum de Rosalía y, por supuesto, con el sexo.

Mi primera vez fue también la primera que alguien me invitaba a un plan de peli en casa siendo yo consciente de que no la íbamos a ver. Lo que no sabía era que la peli sería *Malditos bastardos*, lo que sin duda añadía un punto traumático al episodio, y que probablemente habría disfrutado más de haber seguido viendo la cinta. Lo bueno es que, después de aquello, mi vida sexual solo podía mejorar.

Por eso, cuando V. me puso la mano en la pierna bajo la luz del proyector mientras Lai Yiu-Kai y Ho Po-Wing bailaban tango en un cuchitril de Buenos Aires, mi miedo no era a que ella interrumpiera la peli, sino a que la peli me sacara del sexo.

La tercera cita fue en un bar de Callao. V. me avisó de que llegaría tarde, así que me metí a hacer tiempo en La Central, como buena chica soft.

La Central era una librería muy grande, lo suficientemente alternativa como para gustar a todo el mundo y lo suficientemente normativa como para no escandalizar a nadie, que había conseguido hacer con los libros lo que las tiendas de Malasaña con la ropa: venderte clásicos reacondicionados a precio de oro. Otra particularidad es que constituía el rincón de las bolleras perdidas de Madrid. Si alguna vez te has preguntado dónde van a parar las pocas solteras sáficas que quedan en invierno, prueba en la sección de poesía y novela gráfica de La Central. Luego cerraron la sede y volvieron a abrir en formato bolsillo, y las bolleras se dispersaron entre la Mary read, la Librería mujeres y Verkana.

Media hora más tarde, cuando ya empezaba a buscar desesperada en la estantería de autoayuda un libro que me enseñara a comunicar con asertividad que el tiempo es igual de preciado para todo el mundo, apareció V.

V. llevaba el pelo lleno de baby braids, una chaqueta de traje con hombreras un par de tallas más grande, gafas de sol sesenteras y calcetines blancos con puntilla, lo que le confería un aspecto a medio camino entre catedrático de Filología de la Complutense en la Transición y gánster vestido de primera comunión.

Entramos en el bar, nos sentamos en un sofá y pedimos un par de Alhambras. V. no estaba muy habladora. Yo iba sacando temas de conversación que morían en el momento en el que le tocaba opinar, y cometí el error de pensar que aquello era algo circunstancial, consecuencia de un mal día. No nos habíamos terminado la primera, cuando me avisó de que una amiga suya iba a venir.

Que tu match invite a una colega en plena cita nunca es buena señal. ¿Podía haber algo más humillante que el que V. se hubiera marcado un equipo de salvamento en nuestro tercer encuentro?, pensé. Pues sí, sí que lo había.

V. y su amiga tenían una extraña relación simbiótica; eran como siamesas. Como si Thelma y Louise hubieran caído en Madrid desde aquel precipicio y se movieran por la capi en un par de bicis, en lugar del descapotable (yo, por supuesto, sería Brad Pitt en su papel de yogurín timador). Según me contó V. más tarde aquella noche, la amiga estaba celosa de que yo pudiera robarle su mitad, y se había empeñado en venir para marcar territorio y, solo tal vez, otorgarme su bendición.

La amiga de V. era modelo, y se estaba tirando a un fotógrafo que resultó ser un colega con quien yo también me enrollé hace años. Decía que tenía pinta de ser el típico fucker, y me preguntó si creía que era mala idea pillarse por él. Si me estaba haciendo esa pregunta es que era demasiado tarde para darle *la* respuesta, pensé, así que me limité a actuar como Sandra Barneda en una hoguera de confrontación: puse cara de póquer enarcando las cejas, solté una frase hecha sobre el amor y dejé claro que los dramas hetero no van conmigo porque soy bollera.

Cuando salimos del bar, V. y su amiga se retiraron un momento y me dejaron sola en Callao, mirando cómo un grupo de turistas tomaban fotos del cartel de Schweppes sin quitar el flash. Justo cuando ya daba por sentado que aquello sí había sido una operación de salvamento y Thelma y Louise se habían dado a la fuga, apareció V., esta vez sola y visiblemente molesta por la actitud de su amiga, y pusimos rumbo a mi casa.

Cerré la puerta, V. salió escopetada hacia la cocina y se sentó de un salto en la encimera. De todos los movimientos que podría haber hecho al llegar, de todas las superficies en las que podría haber aterrizado, todavía no entiendo por qué escogió abalanzarse sobre la encimera en la que descansaba una copa de cristal. No sé si fue más cuadro mi cara al presenciar el incidente, o la suya cuando, tras insistir en que me la repondría, le confesé bastante afectada que lo veía difícil, porque precisamente la que había roto era una copa que tomé prestada del Falcon.

Pasamos la noche bebiendo (en mi caso para olvidar el percance), fumando hierba, acostándonos y leyendo cuentos de Cortázar. Éramos la intensidad sáfica personificada. A la mañana siguiente, todavía en la cama, V. me preguntó si podía unir los lunares de mi espalda con un boli, y a mí no se me ocurrió nada mejor que darle lo más parecido a un bolígrafo que tenía a mano: un subrayador rosa fucsia. Ahora mi edredón parece el de una opositora a técnica de administración del Estado, o manchado por la regla de Peppa Pig.

Cuando un match te atrae, se abre un periodo ventana (que puede durar una cita o toda la vida) en el que lo que despierta tu interés tiene más que ver con la novedad que con la persona en sí. Las primeras citas suelen ser intercambios estimulantes durante los cuales resulta difícil discernir si lo que te está gustando es conocerla, o si te está gustando porque todavía no la conoces.

Vi a V. una vez más. Nos sentamos a la mesa alta de un bar incrustado en una callejuela de Conde Duque. Ese día me di cuenta de que no quería volver a quedar con ella. No fue una decisión premeditada. De hecho, el detonante fue una pregunta absurda.

Estaba leyendo un texto de Simone Weil sobre la supresión de los partidos políticos y, como V. había estudiado filosofía, me parecía interesante saber qué pensaba del tema. Lejos de contestar, se escabulló preguntándome qué pensaba yo, como si ella no tuviera opinión o, peor, como si creyera que lo que pudiera decir estuviera mal. Fue como hablar frente al espejo. Me di cuenta de que los intentos frustrados por compartir ciertos temas que, para mí, eran importantes, no eran consecuencia de un mal día. Que el periodo ventana había terminado, y que V. y yo no encajábamos.

Madurar consiste en perder la inocencia. El primer desengaño, el de la infancia, son los Reyes Magos. Después viene la adolescencia, con el día que la pregunta ¿Vienes a casa a ver una peli? deja de significar ver una peli en casa de alguien. En cuanto al resto del tiempo, lo pasamos aprendiendo que nada es para siempre: ni tu mascota, ni los veranos eternos de dos meses, ni las prácticas sin remunerar, ni el abono joven del metro, ni el contrato indefinido, ni la tusa por una ex, ni la fascinación por un crush.

Y mientras pensaba en todo eso recibí un mensaje de F.

Mensaje de WhatsApp de F., 21.17 horas:

Oye

Oyo

Puedes hablar?

Puessss estoy en una cita, por?

Lo hemos dejado

Junio

Querida amiga:

> No estoy enamorada de ti ni voy a poder estarlo, esa posibilidad se ha cerrado emocionalmente en mí

Por alguna razón, F. se sintió en la obligación de decirlo. Como si acabara de darse cuenta. Como quien mira el reloj y al ver que llega tarde siente la imperiosa necesidad de avisar, no vaya a ser. Como si alguien le estuviera apuntando a la sien con un 38 Smith & Wesson Special. Como si hiciera falta buscar un motivo más, uno de peso, algo inevitable. Un motivo a la altura de un desastre natural del que una simplemente es víctima. Uno con el suficiente poder como para poner en cuestión todo lo demás. Como si hubiera ingerido uno de esos sueros de la verdad. Como si hubiera que decir la verdad. Como si yo necesitara saberla para seguir viviendo.

Todavía estaba con V. Acababa de pedir la cuenta cuando vi el wasap de F. Pagamos y salimos del bar. V. me preguntó si íbamos a mi casa. Le dije que estaba cansada, mejor otro día. Nos despedimos, entré en el metro y, en lugar de ir a casa, cogí la línea cuatro dirección Argüelles.

No hacía falta. Lo sé yo, lo sabes tú, y me lo dijo F. por mensaje y cuando abrió la puerta. Bajamos a la calle, entró un momento al Carrefour para comprarse un brócoli de cena y un par de latas de cerveza, y nos sentamos en un banco del parque del Oeste.

No se me pasó por la cabeza que pudiera pasar nada aquella noche (después de todo, no éramos psicópatas). Me contó su ruptura, nos terminamos las latas y F. subió a cenar su brócoli en casa. Pero a partir de ese momento mi mente empezó a deshacer nudos, y todos los esfuerzos invertidos en olvidar, los intentos por transformar aquello que sentía y reducirlo a una amistad más, desaparecieron de un plumazo. Ahora sí, el barro estaba húmedo, y yo nadaba en él.

La ruptura de F. me dio alas. Sin embargo, en las semanas siguientes me di cuenta de que, ahora que aquello era una amistad, ahora que también podía ser algo más, seguía siendo yo quien tiraba del vínculo. En *Tres anuncios en las afueras* hay una escena en la que la madre le hace una pregunta a un chico con el que ha quedado su hija que, para mí, constituye la médula de toda relación: Y tú, ¿eres jardinero o flor?

Yo no tenía muy claro si el rol que le había asignado a F. era realmente el que ella quería encarnar conmigo. Después de la ruptura no hablamos nada sobre nuestra relación, y yo necesitaba respuestas. Así que decidí abordar el tema: un día, mientras hablábamos por WhatsApp, le pregunté directamente.

F. comenzó respondiendo con evasivas. Se escudaba en que había sido clara varios meses antes, en la conversación de LinkedIn. Una no puede pretender tomar como referencia un chat de LinkedIn. Yo le insistí en que, ahora que había cambiado su situación, necesitaba entender cuál era el nuevo escenario. Qué podía esperar de ella y qué quería esperar de mí: un tiempo para pensar, una amistad, o acaso algo más.

Mi situación ha cambiado respecto a mi pareja,
no respecto a ti

Después vino la discusión, los ultimátums y un último mensaje como un puñal que no deja de hundirse en el pecho. No estoy enamorada de ti ni voy a poder estarlo.

La peña sin inteligencia emocional es como las almendras amargas. A primera vista se confunden entre el resto. Parecen inofensivas, pero en altas dosis pueden resultar tóxicas y, como des con una, estás jodida: después de probarlas, no habrá nada que te quite el mal sabor de boca.

En apenas un par de frases, F. había logrado despreciar año y medio. No fueron la falta de reciprocidad ni la franqueza. Fue la distancia impuesta en el tono, un desafecto impropio del vínculo que habíamos creado que llegó a hacerme pensar que había vivido en una realidad paralela todo este tiempo, y que la impostora era yo. Borré el mensaje, borré su número, pero fui incapaz de borrar las palabras.

Llegar a conocer a alguien es como pintar un cuadro. Lo primero que entregamos es un boceto a grandes rasgos y, con la intimidad, van apareciendo los detalles. *Entonces, pintamos un segundo retrato, y un tercero... Y, antes de que pase mucho tiempo, los mejores rasgos* (acaso los del principio) *han desaparecido*.

Cuando le conté la historia de F., mi amigo D. me habló de esa cita de Francis Scott Fitzgerald. Así funcionan la idealización y la humanización en las relaciones, convenimos entre tercios de Mahou. La diferencia es que, cuando el cuadro que tienes delante no te gusta, siempre puedes ponerlo en un lugar poco visible y olvidarte. Pero ¿qué haces cuando te das cuenta de que la chica por la que llevas un año pillada solo te gustaba porque todavía no la conocías?

Solo en ese momento abrí los ojos y vi dónde estaba: la textura espesa, el olor a ciénaga, el barro comiéndome la piel. Por primera vez me di cuenta de que, ahora que lo veía, ahora que por fin advertía dónde me había metido, solo tenía que avanzar para salir de él.

W[1]

When Harry Met Sally

Aquello era una cita. Tenía que serlo. ¿Qué otra cosa iba a ser si no? Dos chicas jóvenes con el cuerpo infestado de hormonas quedan un sábado por la noche a las puertas de los cines Renoir para ver *Love Lies Bleeding*. Pintarme un *Fóllame* en la frente habría sido más sutil.

Veamos, ¿qué es lo que convierte una cita en *una cita*? Que haya dos personas (check) que decidan encontrarse en un punto concreto (check) como pretexto para explorar un interés preexistente y mutuo (a ser posible a posteriori y sobre una superficie cómoda). Pero ¿cómo adivinar si ese interés es recíproco en un mundo que presume la amistad como vínculo por defecto entre dos mujeres?

Que un hombre y una mujer no pueden ser amigos es un diálogo mítico de *When Harry Met Sally* y también un axioma del heteropatriarcado. Entre dos mujeres, por supuesto,

1. Publicado en *Pikara Magazine*.

es diferente: ¿Rosalía y Hunter Schafer se funden en un tierno abrazo antes de subir al mismo coche? Gal pals! ¿Nini Vélez y Ester Expósito perreando en Ciudad de México? Amigas inseparables. ¿Kristen Stewart enrollándose con Alicia Cargile? Dos amigas dándose el lote. Si cualquiera que me viera con W. aquel sábado a las puertas de los cines Renoir habría pensado que no éramos más que un par de amigas, ¿por qué no iba a pensarlo W. también?

La conocí unas semanas antes en el cumpleaños que mi exmatch O. celebraba en su casa: un piso de techos altos frente a la plaza del Dos de Mayo. W. estaba liándose un piti en el balcón. Yo no conocía a nadie en la fiesta aparte de O., que veinte minutos antes había entrado al baño a por un polvo (no sé de qué tipo) y no había vuelto, así que me acerqué a ella, saqué el tabaco de liar y fingí haberme quedado sin filtros.

W. era alta, tenía el pelo largo y oscuro en rizos que se le derramaban desde la coronilla, apenas separados por la oreja como una piedra blanca cortando el océano por la noche. Entre los párpados casi pegados asomaban unos ojos grises que daban la impresión de estar siempre recién despiertos, o quizá molestos por la luz que se filtraba a través de las gafas de montura circular, eclipsando parcialmente unas cejas en las que daban ganas de revolcarse. Al último pellizco del tabaco le siguió el final del ritual: la boca pintada de rojo abriéndose y el paseo de caracol de la lengua blanda sobre el papel de fumar.

Mientras se llevaba el cigarro encendido a los labios, se presentó: W. era la nueva compañera de piso de mi exmatch, así que tampoco conocía a nadie en la fiesta. Qué suerte, dejé caer con una sonrisa algo ridícula. Pero mi intento de flirteo chocó con una mirada confundida, y reculé: Vivir en Malasaña, digo. A priori, no le molaban las tías.

A W. le gustaban las concept store, que son como un todo a cien (euros); los productos de Aesop y la música de Rusowsky, Judeline, Tristán! y, en definitiva, cualquier cantante con pinta de sufrir anemia. Llevaba una camiseta de Kappa un par de tallas grande, detalle que disimulaba metiéndola por dentro de unos vaqueros bermuda, calcetines blancos hasta las espinillas y gorra de Caja Rural, como si acabara de salir de su primer día de Sónar o del último de domingueo en Peñíscola.

Formaba parte de les aborígenes de Malasaña, una especie de barrio tan endémica como invasora que anida en la tapicería del Pepe Botella, se alimenta del humus del Carrefour Express y se reproduce en los baños de Macera. Son fácilmente identificables porque la ropa tiende a estarles o demasiado grande o demasiado pequeña, una particularidad que se explica porque en las tiendas vintage no puedes elegir talla.

Conocides por haber conseguido erigirse como les gentrificadores gentrificades, les aborígenes de Malasaña son hoy parte del atrezo de un barrio convertido en parque temático. Como les vaqueres del miniHollywood de Almería, su función consiste en crear ambiente para que Malasaña nunca deje de parecer el escenario posmoderno de *Historias del Kronen*.

W. trabajaba como fotógrafa, art director, set designer, creative director y visual storyteller, que es una forma de decir que era autónoma y aceptaba cualquier curro con tal de que hubiera una cámara de por medio. Empezó haciendo foto de producto con hamburguesas de plástico y ahora dirigía photoshoots con celebrities. La idea era la misma (sacar fotos), con la diferencia de que lo de las hamburguesas consistía en conseguir que algo artificial pareciera real, mientras que con las celebrities ocurría justo al contrario.

Estaba contándome cómo el presupuesto de las campañas de publi es tan absurdamente alto que, para justificar que necesitan toda esa pasta, las agencias terminan por comprar cualquier cosa (y cuando digo cualquier cosa quiero decir cocaína), cuando una mano grande y peluda se interpuso entre su cara y la mía, ofreciendo un mechero que nadie había pedido. Esa mano pertenecía a S.

—¡Por fin te encuentro! —resopló O., que ya había vuelto del baño y, por alguna razón, no pensó que estuviera interrumpiendo nada. Agarró por el brazo al chico y se dirigió a W.—: quería presentarte a S.

S. lanzó una sonrisa descarada. Tenía ese efecto halo de la peña con mandíbula cuadrada y tendencia al bruxismo. Era alto, con barbita de tres días y voz grave. Tres atributos contra los que, por cuestiones de anatomía, no podía competir. Pero lo que verdaderamente me hacía sentir en inferioridad de condiciones no era eso, sino una razón social: a la hora de ligar con mujeres, S. me sacaba años luz de ventaja. Lo que para mí era un mundo (una mirada cómplice, una sonrisa que sugiere), para él era su lengua madre.

S. dominaba el código del flirteo a la perfección. Se movía con la naturalidad de quien sabe que habla el lenguaje del mundo. Yo sentía cada esfuerzo como impostado por vivir con la certeza de que de nada servía aprender un idioma que el mundo no te deja hablar.

—Olvídate de ella, es hetero —me susurró O. mientras dejábamos que W. y S. se conocieran a solas, tal y como habíamos estado haciendo nosotras unos minutos antes.

Yo le respondí con aquella frase de Cecilia Roth en *Todo sobre mi madre*: que todas las mujeres somos gilipollas y un poco bolleras. Pero no sirvió de mucho.

Daba igual que W. me gustara. La competición había nacido con un sesgo de base: una mujer es hetero salvo que se demuestre lo contrario. La lesbiana, decía Adrienne Rich, solo existe a través de la negación. Había que aprender el lenguaje opresor para después poder negarlo. Y poco a poco fui con impotencia testigo de cómo la noche y el mundo entregaban a W. a los brazos de S. Claro que sí, como debe ser.

La fiesta terminó y yo me fui a la cama con mi exmatch pensando que donde realmente quería estar era en la habitación contigua, pero allí había overbooking de mandíbulas. Por suerte, aquel piso de techos altos estaba bien aislado y a la mañana siguiente lo único que quedaba de S. eran sus residuos fisiológicos dentro de una bolsita de látex en la papelera del baño.

Ignoramos la postal apocalíptica del día después y salimos a desayunar por el barrio. W. había dormido poco, pero conservaba el encanto desaliñado de la dominguera de chiringuito que desayuna café con leche en vaso de cristal. Desde fuera no éramos más que tres amigas sentadas en una terraza de Malasaña, y mientras dejábamos que los cafés se enfriaran y la piel se nos quemara, nos embargó la enfermedad del domingo: el recordatorio cotidiano de que todo, hasta lo que empieza cada semana, se acaba. Por eso cuando

O. dijo que tenía que marcharse, y el sol también se marchaba, W. y yo decidimos estirar el tiempo juntas.

Aquel fue el principio de una bonita amistad. W. y yo intercambiamos números y nos volvimos inseparables. Quedábamos para ir a exposiciones, a pasear por el Retiro, compartíamos cafés que se convertían en copas de madrugada, y hasta dormíamos juntas, como amigas de infancia. Salvo por un pequeño detalle: aquello no era una amistad. No, al menos, para mí.

Me gustaba pasar tiempo con W., quedarme mirando sus cejas enmarañadas y su ropa demasiado grande o demasiado pequeña comprada en tiendas de segunda mano. Me gustaba adivinar cómo serían sus ojos grises completamente abiertos si no hubiera sol o sueño y, por encima de todo, me gustaba W. Pero ¿le gustaba yo? Temía que hacer aquella pregunta arruinara todo lo que teníamos y, al mismo tiempo, ¿acaso tenía sentido lo que teníamos si no era posible plantearla?

Podría haberle dicho que la orientación sexual es un invento reciente de la sociedad industrializada, según Foucault. Que en el mundo antiguo la identidad sexual no se forjaba con base en el género del objeto de deseo. Que, como dice Judith Butler, somos víctimas de un sistema ordenado por la heteronormatividad con fines reproductivos. Algo así podría haberle dicho. Pero tuve una idea mejor.

En la primavera de 1949, Harriet Sohmers quiso ligarse a una Susan Sontag pollita universitaria, así que cogió un ejemplar de *El bosque en la noche* y le preguntó: ¿Has leído esto? Al parecer aquella era una frase típica de acercamiento entre bibolleras, y funcionó; a Sontag terminó de abrirle, digamos, la mente, y hoy es un icono bi. Me alegro mucho por las dos, pero yo no estaba dispuesta a esperar a que W. se leyera un tocho de doscientas páginas para salir de dudas, así que tiré de una herramienta de *conversión* más ligerita que *El bosque en la noche*: le propuse ir al cine a ver *Love Lies Bleeding*.

Love Lies Bleeding es esa película en la que descubres hasta dónde puede llegar la intensidad sáfica si te pasas chutándote anabolizantes, que hay alguien con una mandíbula más cuadrada que S., y es Katy O'Brian, y que probablemente gracias a su personaje logremos escapar del ideal de belleza femenina lánguida y frágil a base de dominadas y de erotizar a mujeres con músculos. Eso, y que hacen falta dos unidades de polvo bastante normalito entre mujeres para que la peña hetero resuma ciento cuatro minutos de metraje en Rotten tomatoes en un titular: Sexo salvaje lésbico.

Cuando salimos del cine, W. me propuso ir a su casa. Ignoro si la película había surtido el mismo efecto en ella que *El bosque en la noche* en Sontag, pero estaba decidida a averiguarlo. Determinación que se derrumbó tan pronto como entramos en el piso y nos encontramos a O. en pijama tomándose una birra en el salón.

No podía luchar contra aquello, así que nos unimos. Empezamos a beber y a charlar, y las horas fueron cayendo igual que las cervezas. Mi exmatch estaba cada vez más borracha, apenas se tenía sentada. Finalmente, W. y yo tuvimos que llevarla a la cama en brazos.

Ocurrió mientras le poníamos el pijama y la arropábamos. Fue entonces cuando apareció la sonrisa cómplice, una caricia casi instintiva, y W. y yo empezamos a jugar. Como mejores amigas haciéndose cosquillas, como dos adolescentes ahogando la risa, poniéndonos a horcajadas una encima de la otra hasta que caímos rendidas junto a O., que ya estaba por el quinto sueño.

Con el dedo índice peiné las cejas de W. y ella hizo lo mismo con las mías. Tumbadas cara a cara, tracé una ruta que iba desde la palma de la mano al hombro. De ahí remonté hasta llegar a la clavícula, y recorrimos la clavícula en un mismo gesto. Luego el tacto del cuello tenso, la morada detrás de la oreja y un semicírculo para alcanzar la mejilla en un juego de reflejos en el que el ademán infantil había sido sustituido por un anhelo, la sonrisa por una mirada grave, casi solemne; el índice ya posado en la comisura y el final del ritual: dos bocas abriéndose y enredándose en un combate blando, llegando a entenderse más allá de las palabras, buscando saciar algo más allá de la sed.

Al día siguiente salimos a desayunar con O. Y mientras le contábamos lo que había pasado y dejábamos que los cafés se enfriaran, nos embargó la enfermedad del domingo. Desde fuera no éramos más que tres amigas tomando el sol en una terraza de Malasaña.

X[2]

Ex-pediente X

La bandera siempre había estado en el balcón de enfrente, pero solo entonces empezaba a resultarme molesta. Cada vez que iba al baño, la veía; un trozo de tela arcoíris amarrado a una cuerda de tender, marchitándose al sol. Como si alguien se hubiera olvidado de recoger la colada antes de irse de vacaciones; o cuando me esclafaba en el sofá, dispuesta a poner la mente en blanco, como en aquel momento. Antes, la bandera era un elemento ornamental más de la fachada en el que poder perder la vista. Ahora era el recordatorio de que iba a pasar el Orgullo sola.

Si me siento solo, no es por ser gay, dice Andrew Scott en la película *Desconocidos*, y lo cierto es que podría haberme ocurrido cualquier día. La soledad es una sombra de noche: camina pegada al cuerpo, por mucho que una se empeñe en ocultarla detrás de otras sombras. Como las hemo-

2. Publicado en *Pikara Magazine*.

rroides y el certificado electrónico del DNI, es una realidad inevitable contra la que nos pasamos la vida luchando en silencio. Puedes intentar huir, pero tarde o temprano toca afrontarlas con la mayor dignidad posible. Una tarea complicada cuando te sorprendes a ti misma desayunando valencianas con leche de avena en un quinto sin ascensor ni aire acondicionado, con la única compañía de un ventilador al que levantar los brazos en señal de auxilio para barrerte el sudor de las axilas.

Era sábado por la mañana. Primer finde de julio en Madrid (quien lo probó, lo sabe). Hacía un mes de lo de F. Todas mis amigas estaban fuera y me había quedado sola. Un verano en Madrid sin pareja, ni amigas, ni vacaciones, ni un sistema de climatización que me salvara de hacer contorsionismo frente al ventilador. Ya había abierto Tinder, lista para tocar fondo, cuando recibí un mensaje de WhatsApp:

¿Sales hoy?

Quien lo escribía era X., un antiguo match que, como el Guadiana, los eccemas y los partidos de centro liberal en España, aparecía y desaparecía de forma insospechada cada cierto tiempo.

X. era ese tipo de match que todas hemos tenido, con quien hablas de vez en cuando, te sigues por redes y reaccionas a sus historias, pero nunca habéis quedado.

Me avisó de que planeaba salir por el Orgullo con sus amigas, un grupo de lesbianas unidas por el amor a los animales, los mensajes difundidos de WhatsApp con vacantes de empleo y cierta tendencia a enrollarse todas con todas cuando estaban en la nota. La combinación perfecta entre una secta y Milanuncios.

Nunca me había animado a salir con X. Desde el principio las había mirado con una mezcla de curiosidad y recelo, como quien prueba el kéfir por primera vez. Pero en esta ocasión era diferente. No podía quedarme en casa la noche del Orgullo. Necesitaba salir como fuera, envolverme en esa atmósfera sáfica en que sororidad y tensión sexual conviven en perfecto equilibrio. Por fin, Tinder me salvaba de Tinder.

Me puse unos vaqueros y un crop top y bajé corriendo los cinco pisos que me separaban de la calle con vibes de Motomami y una lista de reproducción para despechás (porque una puede seguir engañándose a sí misma, pero no al algoritmo de Spotify). Y mientras una versión de mí desfilaba con paso firme por las cristaleras de la calle Santa Isabel, yo solo me preguntaba de qué servía celebrar la libertad de amar a quien quieras cuando no puedes amar a quien quieres.

Hay quien piensa que no hay mejor forma de vivir el Orgullo que soltera y que no hay mejor noche para una soltera que la del Orgullo. Eso es porque ignoran que una bollera solo tiene dos estados civiles: uno es con novia y, el otro, olvidando a su ex. La soltería es un mero efecto colateral; un estado transitorio entre tu ex y tu pareja, y viceversa.

Porque lo cierto es que, detrás del highlighter en los pómulos, del aire de seguridad en la mirada, rozando la suficiencia. Detrás, incluso, de las ganas de perreo intenso, sudor y contacto con desconocidas, mi única meta aquella noche era encontrarme con F.

X. y su clan sáfico me esperaban en la plaza del Museo Reina Sofía. Pillamos unas latas y nos unimos a la procesión de bolsas de plástico y pieles destilando purpurina, listas para apelotonarnos durante horas en el paseo del Prado. Puede que el Ayuntamiento de Madrid presuma de tolerancia por organizar el Orgullo más grande de Europa, pero la realidad es que hay métodos más sutiles de exterminio que congregar a dos millones de personas del colectivo bajo el sol en pleno julio.

Encontramos hueco a la altura del Jardín Botánico y nos sentamos a hablar, mientras el sol caía y la tarde se llenaba del murmullo que conjura la espera. Como todos los años, el plan consistía en rendir homenaje a las revueltas de Stonewall bailando un repertorio itinerante de éxitos de Eurovisión para peña trifásica apuntándote con pistolas de agua, desde carrozas tan comprometidas con los derechos LGTBIQA+ como con los derechos humanos, mientras desafías a la física aspirando a que tu cuerpo no metabolice toda la cerveza que has bebido para no tener que ir al baño, básicamente porque no hay (ya sabes, lo del exterminio). La gentrificación es un sistema que nos arrebata la memoria, dice la activista LGTBIQA+ Sarah Schulman. También la del Orgullo.

No recuerdo cuántas latas llevaría encima cuando X. propuso movernos. Era la una de la mañana, el desfile había terminado y la masa empezaba a dispersarse. Caminaban con el bamboleo ebrio de los barcos atracados en el muelle; cantando, dejando tras de sí una estela de bolsas de plástico, césped embarrado y charcos con olor a alcohol, hielo derretido y pis. Aquella noche todo el mundo saldría por Chueca, y a mí eso solo me importaba porque significaba que F. estaría allí también.

Dentro del mosaico de garitos de ambiente sobre el que se levanta Chueca, las bolleras tenemos jurisdicción básicamente en dos: el Fula (en sus dos versiones) y Escape, lo que nos convierte en víctimas de las peores consecuencias del anarcoliberalismo encarnado en el precio de las entradas en puerta. Pero la falta de alternativas era una buena noticia esa noche, porque significaba que tenía un 50 % de probabilidades de cruzarme con ella. Como si el mero hecho de verla pudiera calmar algo dentro de mí, un vacío incrustado que se arrastraba igual que las raíces se arrastran ciegas por la tierra.

La cola de la discoteca avanzaba lentamente. Yo esperaba con X. al lado, pero la cabeza en otra parte. En F. bailando, en la cadencia intermitente del neón, los brazos extendidos, la cara iluminada por un destello, la mirada baja y los labios fruncidos en aquel gesto propio de quien disfruta sabiéndose observada justo antes de volver a caer en la sombra. Entonces, X. se puso a vomitar.

Ocurrió justo en la puerta. No tuve tiempo de reaccionar. Las chicas que hacían cola daban un pequeño salto al pasar por nuestro lado para poder entrar. Con ayuda de otra colega logré mover a X. y nos metimos en un taxi. En cuestión de minutos, la idea que me había sacado del sofá aquel día se volatilizó y, con ella, las expectativas de la noche del Orgullo, convertida súbitamente en la visita a una farmacia 24 horas, en la taza del váter rodeando la nuca de X. como una aureola. En mi mano recogiendo su pelo y un estoy aquí guardado en una caricia sobre su espalda. En mi sombra buscando pegarse a la suya, o tal vez fuera al revés.

Agosto

Querida amiga:

La vida consiste en aprender a soltar. La primera vez que mi psicóloga me lo dijo tenía un par de playmobils en la mano, y no parecía dispuesta a soltarlos. La idea era comentar la teoría del apego imaginando que uno de ellos me representaba a mí y, el otro, a mi yo de seis años. Una tarea algo complicada, teniendo en cuenta que el primero iba vestido de pirata y el segundo tenía pinta de proxeneta, que es lo que parecen la mayoría de playmobils.

No recuerdo bien qué era lo que tenía que soltar en ese momento más allá de la guita por la sesión de guiñol, pero fueron exactamente esas palabras las que salieron de mi boca en una conversación con las niñas: La vida consiste en aprender a soltar, repetí, convertida en una víctima de la ventriloquía de mi psicóloga.

Llevaba meses intentando soltarme de una relación.

Está bien, la relación ya había terminado. Ni siquiera podía llamarla relación, pero era como si el vínculo hubiera sobrevivido. Como si pudiera mantenerse de forma paralela, casi clandestina. Un hilo que me unía a una ausencia, alargándose y acortándose, como un yoyó enredado en un vals de encuentros fortuitos.

—Tengo la sensación de estar dando vueltas todo el tiempo, digo cada vez que nos vemos y les cuento un nuevo episodio.

Cada vez que transito por la tristeza del duelo, y el miedo se apodera de mis tripas y la ansiedad se hace un nido en la garganta, e incluso cuando una certeza ribetea de luz algún rincón interior, no puedo evitar tener una desagradable sensación de déjà vu que resumo con: Es que estoy perdidilla de la life.

Hace poco me di cuenta de que las vueltas que daba no eran en círculo, sino en espiral, y que aquella sensación de haber pasado veinte veces por el mismo sitio no venía de haber desandado el camino, sino del propio curso acaracolado de la espiral, que podía llevarme a un lugar familiar desde una perspectiva diferente. Todo lo que había que hacer para dejar de dar vueltas era tomar una decisión y soltar. Simplemente eso (jaja).

En eso consiste ser adulta: en tomar decisiones jodidas y hacer la declaración de la renta, que es un poco lo mismo. Durante una despreocupada parte de nuestra existencia vivimos ajenas a ellas, mientras otres se encargan de hacerlo por nosotras. Hasta que, un buen día, te llega el turno y te das cuenta de que aquello solo puede ir a peor: cuanto más creces, más sale a pagar. La vida se reduce entonces a un cruce de dedos consciente de que no hay escapatoria. Si tú no las tomas, tarde o temprano las decisiones y Hacienda te acabarán tomando a ti.

La diferencia es que, mientras que la declaración de la renta la hacemos por miedo a las consecuencias, es el miedo a las consecuencias el que nos lleva a no tomar decisiones, y a desear hacer como *El hombre de los dados* de Rhinehart, que actuaba siempre basándose en lo que le dictaba el azar tras sacudir la mano y soltarlos.

—El miedo siempre nos acompaña en las decisiones, pero no es un medidor de lo acertadas que son —decían las niñas, en lo que se convirtió en un auténtico consejo de sabias improvisado en un Opel Corsa cruzando la España vaciada.

Muchas de las cosas que escribo son resúmenes de grandes simposios con las niñas. En esos simposios con entidad de mesa redonda, yo soy una apuntadora que aporrea el taquígrafo a toda velocidad mirando al infinito, igualita que las del Congreso, luchando por no dejarme nada para que el mundo no se quede sin saber todo lo que las niñas tienen que decir.

—Hay que saber desde qué lugar se ama, y tú has estado amando desde un lugar muy pequeñito —convinieron.

Aquel había sido un amor cortoplacista reducido a la necesidad imperiosa de juntar un corazón con otro corazón en una cama deshecha. Al abrazo obstinado de dos cuerpos que ya se saben lejos, pero confían en que solo una noche más.

A noventa kilómetros por hora, en una mañana de domingo de cielo despejado, el consejo de sabias concluyó que el único medidor fiable de una decisión pasa por asegurarse de tomarla desde el presente, y no anclada en un pasado que no existe más o un futuro que no existe todavía. Eso, y soltar: aire, playmobils, dados... Lo que sea, pero soltar.

Y[3]

Yo

Madrid en agosto no está tan mal. Casi nunca hay que hacer una hora de cola para sentarte en Argumosa, en el metro ponen el aire justo antes de desmayarte y hay playas del Mediterráneo con menos corrientes que el paseo del Prado cuando llueve. La ciudad despierta cada mañana con la sinfonía de ¿chicharras? No, comunidades de vecines jugando a *Masters de la reforma*, y si no te importa terminar con quemaduras de tercer grado, puedes pasear por lugares emblemáticos colonizados por turistas durante el resto del año. Pero lo mejor no es eso. Lo mejor de Madrid en agosto son, sin duda, las verbenas.

Las fiestas de agosto son ese momento del año en que les madrileñes aprovechan que la ciudad está por fin vacía para concentrarse en un mismo sitio y así mantener la densidad de población de siempre. Como los ratoncillos en invierno, pero a cuarenta grados.

3. Publicado en *Madrid Secreto*.

La primera vez que la vi, ella no me vio. Llevaba un vestido largo y negro salpicado de flores blancas, pendientes largos y media melena negra despeinada en rizos que apuntaban a todas las direcciones: al cielo apagándose detrás de las hileras de guirnaldas y mantones que atravesaban la calle de balcón en balcón; al LIMONADA LA VOLUNTAD escrito en cartulina amarillo nuclear junto a un retrato de la Virgen de Agosto; a la procesión de puertas tumbadas sobre borriquetas y cubiertas por manteles de hule; a las cajas de hojalata que primero guardaron galletas de mantequilla, luego carretes de hilo y ahora propinas; a la mano de una vecina dejando caer una moneda en la caja de hojalata; al vaso lleno en la otra, que entregaba a cambio y que en un error de cálculo chocaba contra el vestido, salpicando de tinto las flores blancas.

En el momento del incidente, la mayoría de los rizos me apuntaban a mí. Estaba detrás de ella en la cola para pedir y tuve que retroceder de un salto. Entonces no sabía que se llamaba Y., que era italiana pero vivía en París y que había aprovechado las Olimpiadas para huir de la ciudad. Tal vez si le hubiera manchado yo el vestido habríamos llegado a intercambiar algo (un insulto, un número de teléfono). Pero Y. dio media vuelta airada con su medallón de vino en el escote y se escurrió entre el gentío en busca de una servilleta.

Era la primera noche de la verbena de San Cayetano, santo al que se le reza en Ponzano y se le brinda en Lavapiés, y la ciudad parecía un pueblo. Por el aire sofocante con aroma a panceta, por las canciones de Mecano versión cumbia, pero principalmente porque había cuatro gatos: autónomes, peña sin apartamento en Torrevieja, peña que preferiría una muerte lenta al apartamento en Torrevieja, y guiris sudoroses preguntando cómo funcionaban los abanicos mientras entendían el coste de oportunidad de un vuelo barato de Ryanair.

La primera vez que me vio, yo no la vi. Tuvo que ser a la altura de plaza de España. Acababa de salir de los cines Renoir de ver *La Chimera* y tal vez fue porque caminaba ausente; la mirada perdida atrás, todavía en la butaca, en la quimera que acababa de entrar en mí para despertar a la quimera que ya existía. Como si por mirar durante dos horas una historia que no era la mía pudiera recordar mi propia historia con la misma lucidez con la que un olor rescata una ausencia.

Entonces Y. no sabía mi nombre, que llevaba tiempo vagando por Tinder un poco como quien entra en Leroy Merlín (con la urgencia de tener algo que arreglar y no saber bien cómo) y que, por lo pronto, había entrado a por un clavo nuevo que meterme dentro. Cualquier cosa con tal de engañar al dolor para no buscar más de dónde sale, acaso por miedo a confirmar que solo de mí.

A Y. me la encontré por Tinder días después de San Cayetano: cuatro fotos en el perfil y un: Italiana deseando descubrir los secretos de Madrid. Como si a estas alturas en Madrid quedara algún secreto más allá de cómo lo hace La casa de las carcasas para mantener un local en Preciados. Ninguna se había animado a abrir conversación, así que Y. aprovechó la coincidencia a la salida del cine para escribir un mensaje:

¡Creo que te he visto!

Quise alimentar al monstruo de la casualidad y contesté con entusiasmo que justo acababa de ver una película italiana. Preguntó cuál y se lo dije. Respondió que le había encantado, que adoraba todo lo que hacía Alice Rohrwacher y que por qué no íbamos juntas al cine de verano.

Al parecer, alguien le había hablado del cine Doré y lo encontró *carino*. No quise quitarle la ilusión de turista ávida por conocer rincones carinos diciéndole que el cine de verano puede ser un buen plan de cita, pero acariciadas por la brisa oceánica a quinientos kilómetros de Madrid. Así que acepté.

La primera vez que quedamos era la segunda vez que nos veíamos, y también la última tarde de Y. Llegamos algo antes, lo justo para romper el hielo con una previa. Yo esperaba de pie, a la altura del Mercado de Antón Martín, cuando la vi bajando por Santa Isabel. Llevaba gafas oscuras de montura ovalada, una camisa de lino blanca que le resaltaba el moreno, pantalones vaporosos del mismo tono y sandalias Birkenstock de ante. Cuando llegó frente a mí, se subió las gafas y me dio un breve abrazo. Tenía los ojos grandes de un marrón traslúcido, como un té negro demasiado infusionado. Era un poco más alta que yo, y cada poco tiempo sacudía la cabeza, haciendo oscilar en todas direcciones los rizos que ya conocía.

La terraza frente al mercado había sido invadida por un grupo de tote bags, bigotes chevron y gorras desteñidas haciendo tiempo, así que entramos al bar Benteveo y pedimos un par de tercios.

Y. había nacido en el sur de Italia, pero vivía en París y, como todo el mundo en París, había decidido aprovechar los

Juegos Olímpicos para escapar y sacarse unos dineros alquilando su piso. Me contó que curraba en una cafetería de Montmartre y que por favor no dijera lo que todo el mundo decía cuando contaba que curraba en una cafetería de Montmartre, así que me limité a poner media sonrisa pilla, como ya sabes quién.

Estudió Historia del Arte en Florencia y aseguraba que se marchó de allí para refugiarse del síndrome de Stendhal: Florencia era demasiado bella, por eso elegí París. Una broma con la que, supongo, escondía la amargura de quien se resigna a aceptar que puede que lo que una encuentra en la vida nunca sea lo que creía buscar.

Y. odiaba el café de París, las nubes de París y el mosaico de mansardas bajo las nubes. Odiaba la uniformidad de las terrazas con mesas minúsculas y sillas de ratán donde la gente se sienta como si no quisiera verse la cara. Odiaba cada centímetro de ciudad poseído por el espíritu de una postal en blanco y negro. Pero, por encima de todas las cosas, odiaba a la gente de París (y también, por supuesto, a la que no era de París pero estaba en París). Tardé un rato en darme cuenta de que no es que Y. se estuviera quejando de París todo el rato, simplemente hablaba inglés con acento italiano.

Tal vez ni siquiera fuera odio. Tan solo era una italiana en París (y todo el mundo sabe que lo único más chovinista que une italiane en París es une parisine en Italia). Terminamos las birras y entramos en el Doré, donde nos dieron unos cascos que pesaban como una armadura medieval y que a mitad de peli tenías que decidir si quitarte y dejar de escuchar o aguantar con estoicismo hasta el final a riesgo de sufrir una hernia cervical.

Cuando salimos del cine, Y. propuso tomar la última en su hotel. Paga el Comité Olímpico, bromeó. Caminamos cuesta abajo en silencio, atravesamos Lavapiés bajo las hileras de guirnaldas, vadeamos los claveles y abanicos de vendedores ambulantes que reciclan el excedente de fiestas anteriores como merchandising de la verbena, y nos desviamos a la altura de la carrera de San Francisco para evitar el escenario donde pinchaba por enésima vez el mismo DJ. La demostración en carne y hueso de que hay una fina línea entre el enchufe y la explotación laboral.

Pasamos juntas la noche en el hotel. Al día siguiente Y. volvería a París, ya libre de musculitos en maillot. Por la mañana me quedé todavía un rato en la habitación. A veces dormitando, a veces dejando que el sol, recortado entre las cortinas, destapara solo una franja de cuerpo desnudo. Debía de ser más tarde de mediodía. Cogí mis cosas, me vestí y fui a casa.

Horas después salí de nuevo a dar una vuelta por la verbena, y mientras mis amigos D. y E. me contaban con entusiasmo su verano y tomábamos latas frías de cerveza, y las carpas de comida ahumaban la noche, llenándola de luz como faros velados, enredándose el aire con el martilleo de las sirenas de feria y los gritos de les vendedores, yo miraba a mi alrededor. Como si se me hubiera perdido, buscaba algo; un gesto, a Y., una cara desconocida, lo que fuera. Algo que por estar tan dentro solo podía encontrar un poco más allá, fuera de mí.

Z

Zona de peligro

Las niñas dicen que de los hombres se aprende y se sale, como de la cárcel. Yo estaba convencida de haber salido hace mucho. Siete años, para ser exactas. Siete años ajena a los encantos del sexo masculino, a la fuerza gravitatoria que ejercen y que te arrastra hacia su centro a pesar de todo. Por eso me pregunto qué más tenía que aprender para volver a acostarme con uno.

No es que hiciera voto de castidad y aplicara para entrar en un convento. Tan solo desarrollé un interés superior por el segundo sexo mientras me volvía naturalmente inmune al atractivo del primero. Bien mirado, lo del convento no habría estado mal.

Me olvidé de ellos. La idea de tener sexo con uno empezó a sonar tan disparatada como durante tanto tiempo fue la de acostarme con una mujer. Ante cualquier intento de cortejo heterosexual, mi cuerpo reaccionaba impasible. Hasta que un buen día, cuando creía surcar el tranquilo, aunque profundo océano sáfico, un hombre se me cruzó por delante, y me fijé.

Sucedió en el rocódromo. Estaba haciendo unos ejercicios de calentamiento cuando noté un calentamiento distinto a mi espalda. Me giré y ahí la tenía. Una mirada pegada al cuerpo. Dos ojos reptándome por la piel hasta volver a posarse en los míos. Quise esquivarlos y seguir con el calentamiento, pero el ritual no había hecho más que comenzar.

Aquella mirada, identificada en etología como la mirada copulatoria e inscrita en nuestra psique evolutiva seamos bonobos o humanos, me seguía con obstinación. Como una mosca molesta, elegía diferentes partes de mi cuerpo para posarse sigilosa, descarada, y como una mosca molesta yo trataba de sacudírmela con pequeños espasmos, creyendo inútilmente que así lograría espantarla.

No le di ni una oportunidad. ¿Era un tío atractivo? Ni idea, la pregunta no llegó a cruzar mi mente. Yo era una lesbiana paseando por la calle con anteojeras de caballo, ajena por completo a los aspavientos dirigidos desde la acera de enfrente. Salí de allí como si nada hubiera sucedido, y los ojos de aquel tío se perdieron entre los muros del roco. Pero aquel pensamiento regresó días más tarde.

Ocurrió mientras fregaba los platos, actividad cotidiana que mi subconsciente elige para desenterrar traumas de infancia, imaginar futuros catastróficos o asaltarme con recordatorios impertinentes de los que en ese momento no me puedo ocupar porque no tengo lavavajillas.

Como si su mirada hubiera sembrado algo dentro, una idea larvada en algún pliegue interno del pensamiento, me sorprendí a mí misma pensando en él: en la barba recia descubriéndole los labios hinchados; en la nariz recta alejándose en su punta de las aletas para curvarse hacia la boca, como un garfio siempre a punto de alcanzarla; en la corona de pestañas que perfilaba sus ojos en gesto arabesco, confiriéndoles la soberanía de querer que te penetren. Solo entonces, sola en casa y con las manos llenas de jabón, me di cuenta de que ese tío me ponía a mil.

La escena fue algo parecido a *Memorias de África*, pero estrujando un estropajo en lugar del pelo de Meryl Streep. No podía dejarlo pasar, pensé. ¿El primer hombre que me atrae en siete años y descarto la idea por presunta lesbiana? Ni hablar. Fuera atracción, obsesión o un falso positivo, tenía que comprobarlo. Así que tracé un plan infalible.

Nunca se me ha dado mal ligar con hombres. Diría incluso que es un terreno en el que me muevo con naturalidad. Para flirtear con mujeres, la lesbiana se topa con la necesidad de inventar un habla en la periferia de la heterosexualidad. Una semiología más bien ambigua en tanto que combate y convive al mismo tiempo con el orden establecido. Pero nadie nace sin conocer la lengua heterosexual. Si, como dice Monique Wittig, el lenguaje constituye el primer contrato social, el código hetero es un idioma que deben hablar hasta las lesbianas. Como el inglés: si no lo aprendes, no llegas a ninguna parte.

El plan infalible consistía en ceñirme al código básico del flirteo en la edad contemporánea. En tres palabras: ligar por Instagram. Está bien, no hace falta que me llames revolucionaria. Mi propósito no era convertirme en una senséi del lenguaje del amor 2.0. Tan solo hacer algunas, ejem, comprobaciones personales.

No fue difícil dar con él. Bastó una breve investigación por redes para averiguar que aquel tipo se llamaba Z., hacía surf en Zarautz y era route setter en el rocódromo (aka el responsable en última instancia de que sufras un esguince).

Z. escalando sin camiseta. Z. escalando con camiseta. Selfi de Z. atusándose la melena (con y sin camiseta). Z. haciendo dominadas y parando un momento para ¿descansar? No, para quitarse la camiseta y así tener más fuerza haciendo dominadas. Z. era guapo y lo sabía. Su perfil era un altar iconoclasta de sí mismo, sí ¿y qué? Una disfrutaba tanto como él viendo sus fotos. Puede que fuera lesbiana, pero no ciega.

De vez en cuando también subía fotos haciendo surf, o de sus creaciones en el roco. La pared era el lienzo y Z. un Jackson Pollock haciendo dripping con las presas de colores.

Z. era alto y fuerte. Pero no fuerte del tipo estoy-en-forma-me-cuido. Fuerte tipo puedes-rallar-parmesano-en-mis-abdominales. Tenía el pelo cortado en media melena, que llevaba siempre recogida en un moño con algunos mechones sueltos que le daban un aire casual, casi salvaje, como si no hubiera pasado horas desgreñándose cuidadosamente frente al espejo. Entre eso y la barba enramada a la mandíbula, parecía un modelo a punto de anunciar algún perfume con aroma a pachulí al que Armani hubiera descubierto en una montaña de los Balcanes.

Le seguí, me siguió de vuelta y reaccionó enviando fueguitos a un par de historias escalando que por casualidad yo había subido minutos antes. Classic. Le contesté con un corazón y un par de días después ya estábamos quedando. Como dijo Stevie Wonder: signed, sealed, delivered.

Después de cuarenta minutos de cita, Z. me hizo una pregunta. Me había hablado de sus aficiones, su rutina deportiva, de su ingesta diaria de calorías y ¿sabías que el 60 % de tu forma física depende de tu higiene del sueño? Había recitado una extensa crónica de su infancia, una disección del origen de sus inseguridades. Me había contado sus últimas citas Tinder, el original mecanismo que sigue para ligar y que consiste en dar like a todas y solo después hacer filtro (exactamente como hacen el 99 % de los hombres hetero). Me habló del profundo significado de los tatuajes que abrazaban su inmenso bíceps, y entonces, solo entonces, llegó mi turno. Me lo había ganado, supongo.

Ni siquiera recuerdo qué me preguntó. Fue algo breve, casi una duda. Más que una pregunta, puede que fuera una observación. Una variante del *qué tal* como mecanismo para garantizar la reciprocidad del intercambio. No había un interés real por saber qué tenía que decir, por conocer al ser que tenía delante y del que mi cuerpo era solo contorno. La pregunta no era un fin en sí mismo, tan solo un medio para mantener en pie la conversación. Y mientras hablaba y veía sus ojos esperándome terminar, fui perdiendo el interés por aquello que yo misma estaba contando.

Eché de menos las citas con mujeres. El diálogo trenzado entre dos desconocidas que nacen sabiendo que la atención es la primera forma que toma el cuidado, un abrazo precoz. Y, sin embargo, había algo insoportablemente magnético en tener a un hombre delante ocupando espacio.

Sí, Z. y yo nos acostamos aquella noche, y no solo nos acostamos. Si hubiera unas olimpiadas del sexo sin duda podríamos representar a España. A la mañana siguiente tuve que dibujarle a las niñas un croquis del sesenta y nueve vertical (sí, haciendo el pino), o la guía definitiva para recibir un cunnilingus con las manos en el techo y no morir en el intento. Por lo que sea, no vi la necesidad de revelar mi historial sexual reciente. Preferí pensar que aquello era como montar en bicicleta. Una bicicleta algo particular.

La segunda cita fue un día después. Z. me preguntó si me apetecía quedar de nuevo y le invité a casa. Estábamos compartiendo un porro cuando le confesé que hacía años que no me acostaba con un hombre. Preferí ahorrarme el número exacto. Me limite a decir: Últimamente solo he estado con tías. Susan Sontag habría respondido: *oh, wonderful*, la bisexualidad es una expresión de la plenitud del individuo y un rechazo sincero de la perversión que limita la experiencia sexual. Z., en cambio, optó por: qué suerte ¡disfrutas el doble!

Esa noche pude abrirme algo más con él. Intelectualmente, quiero decir. No fue porque Z. tuviera un ataque espontáneo de interés. Solo estaba fumado. Estoy tan fumado que no puedo hablar, prefiero que me cuentes cosas, soltó estirándose en el sofá mientras se le escapaba un bostezo. Doscientos años de pensamiento feminista y seminarios de deconstrucción para descubrir que el arma más eficaz para ganarse la atención de un tío es darle un porro.

En realidad, lo peor no fue eso. Tampoco que volviéramos a acostarnos y se me quedara el condón dentro. Ni que fuera mi día de ovulación y las niñas, deseosas de ser tías, prometieran cuidar del bebé mientras yo escribía una novela sobre cómo se me quedó un condón dentro en mi día más fértil la segunda vez que me acuesto con un hombre en siete años. Lo peor no fue tener que gastar treinta pavos en la pastilla del día después, ni llegar tarde al trabajo, o que la regla se me adelantara dos semanas y el desajuste hormonal posterior. Lo peor fue que, en los días que siguieron, Z. no preguntó ni una sola vez qué tal me había sentado. Ni siquiera si la había tomado o cuánto había pagado.

No es que dejáramos de hablar o perdiera el interés. Z. me escribía todos los días. Simplemente no pareció pensar que, si hacer bebés es una cosa de dos, evitarlos también. Y yo no podía dejar de pensar que qué pena más grande que una mujer no pueda dejar embarazada a otra, aunque solo sea porque estas cosas no pasarían.

No fue mala intención, solo falta de cuidado, y ese era precisamente el problema. Un problema que se resumía en aquello que escribió Tillie Olsen (Una mujer nunca podrá ser un marido), o lo que es lo mismo, que una mujer nunca podrá sentir lo que siente un hombre con una mujer a su lado. La autonomía, vivir sin la carga mental, la angustia sutil de llevar un piloto encendido que te obliga a permanecer alerta siempre, incapaz de soltarlo todo porque ¿quién aguantará el peso del mundo por ti?

Se ha demostrado que los hombres sacan más beneficio del matrimonio que las mujeres, sostiene Eva Illouz. No es casualidad que, según las estadísticas, la felicidad de una mujer toque techo en el matrimonio, mientras que una soltera siempre es susceptible de aumentarla.

Por supuesto, en mis siete años de calorcito en la madriguera de las lesbianas también hubo sufrimiento. Diría que ha quedado constancia de ello. Pero rara vez no hubo una caricia, la atención reflejada en otras manos (aunque fueran las mismas que acababan de apuñalarte el corazón). Salvo excepción, la cultura del cuidado es el primer alfabeto de la mujer.

Los hombres pueden recibir amor, pero no retribuirlo para proporcionar el tipo de sostén emocional que necesita la mujer, dice Sulamith Firestone: son *parásitos emocionales*. Firestone coincide con Simone de Beauvoir en que la base del poder social masculino descansa sobre el amor que les proporcionan las mujeres. La cultura masculina se alimenta de la energía emocional de las mujeres sin reciprocidad. Pero ¿qué nos dan los hombres a nosotras?

En un mundo en el que gozamos de independencia económica y no necesitamos cazadores de andar por casa, seguimos tolerando ciertas carencias y supliéndolas con doble esfuerzo. ¿Qué tiene un hombre (cis) que no pueda dar una mujer (cis)? ¿Algo más que un pene?

Esperé diez días. Mi psicóloga estaría orgullosa (y mi cuenta bancaria también). Lleva dos años intentando que le haga caso. Veinticuatro meses invertidos en escuchar el mismo mantra una y otra vez. Dos palabras: *date tiempo*. El tiempo sirve para dejar que las emociones sedimenten. Pues bien, le di un margen de diez días para formular una pregunta al respecto.

Podría haberle abordado yo. No lo hice. Tenía curiosidad. Quería saber cuánto tiempo podía transcurrir sin que sacara el tema. Pronto la curiosidad dio paso a la incredulidad, y después a la indignación, hasta que al final solo quedaron la decepción y el hastío. Cuando, pasado ese tiempo, le pregunté, Z. se escudó en que creía que se lo iba a contar. Que yo me iba a ocupar de ahorrarle lo único que estaba en su mano, y que era hacerse cargo de aquella pregunta.

Por suerte para nosotras, que vivimos en un siglo en el que la falomanía está a un dildo de distancia y la Seguridad Social cubre la fecundación in vitro, no hay nada en un hombre que no nos pueda dar una mujer. El día que lo entiendan, lo mismo se ponen las pilas. En cuanto a mí, puede que sea bisexual, o puede que solo estuviera ovulando.

Un final

Querida amiga:

Nos contamos historias a nosotras mismas para poder vivir, escribe Joan Didion en *El álbum blanco*. Las buscamos por todas partes. En la coincidencia de dos fechas de cumpleaños, como si no nacieran miles de bebés todos los días. En un décimo de lotería comprado al final del verano, en los trenes que perdemos, en la gente que aparece y en la que desaparece para siempre. Creemos que el destino se esconde detrás de cada putada y cada rincón luminoso de este mundo, que hay una explicación para el sinsentido. Lo creemos porque el mundo sería un infierno sin historias. Historias que una vive para contar, hasta que empieza a contarlas para poder vivir. Esta es la última, y comienza con un anillo.

El anillo lo heredé de mi abuela Catalina (en adelante, la abuelita). Era su alianza de matrimonio. No es que fuera su nieta favorita ni nada de eso. Lo heredé yo porque tengo las manos ridículamente pequeñas. Por eso y porque, por alguna razón, pongamos fruto del azar, el diámetro de aquella alianza era algo inferior al del resto de anillos que se repartieron mi madre y sus hermanas.

No conozco a nadie que tenga las manos más pequeñas que yo. Nadie que no use pañales, quiero decir. Por lo general, tener las manos diminutas no tiene grandes ventajas, más allá de poder desatascar el desagüe del baño o enhebrar una aguja, y para esas tareas ya existen dos profesiones en cuya formación no estoy interesada, gracias. Hay peña con manos de pianista, yo tengo manos de fontanera. También puedo introducir dos dedos por completo en el asa minimalista de las tazas de Ikea. Por lo demás, es un atributo completamente inútil.

El anillo es un poco feo, la verdad. No es un anillo normal de matrimonio. Nadie que mirara las manos de la abuelita habría adivinado que estaba casada. Es un anillo ancho que se come media falange, con un rastro desdibujado de líneas y cruces más rayadas que grabadas, que parecen sumas y restas, como si el joyero tuviera la expertise de un niño de cinco años aprendiendo matemáticas con una chincheta. Por supuesto, el anillo tiene una historia.

Se conoce que mis abueles, que eran fruteres, no tenían mucho dinero, y el anillo de la abuelita era de un oro tan fino (fino en plan mal, no de finolis) que acabó por romperse. El matrimonio en cambio duró toda la vida. Cuando el anillo se rompió, la abuelita fue con los trozos al niño-joyero, que junto con unos pendientes viejos y una muela de oro le hizo una sortija nueva. Un anillo Frankenstein que ahora llevo en el dedo corazón, porque es el dedo más gordo que tengo y en el anular se me caería. Podría decirse que llevo a la abuelita en el corazón, aunque técnicamente lo que llevo es su alianza fundida con el empaste de una muela.

Yo en verdad siento que hay algo que nos une, como si el anillo fuera una argolla de plástico en la pata de una paloma, y la abuelita pudiera seguir el rastro de mi revoloteo por el mundo de los seres vivos. No creo en Dios ni en ningún espíritu, pero a veces creo que desde mi dedo ella es cómplice de cada letra que tecleo, al menos con la mano izquierda; que gracias al anillo la llevo conmigo ahora que no existe, igual que durante un tiempo breve también ella me llevó a mí cuando yo todavía no era ni una idea, tan solo uno del millón de óvulos que entonces se estaban formando en su útero, más concretamente en el cuerpecito de un bebé que ella gestaba y al que años después yo llamaría mamá. Otras veces pienso que solo me cuento esa historia como consuelo por no haber podido despedirme.

Un año después de su muerte tuve un sueño: la abuelita tumbada sobre una cama de noventa en una habitación llena de gente. Llevaba un camisón blanco. Todo en ella era blanco; las sábanas, el pelo, el camisón. En lugar de sus enormes gafas, tenía dos grandes ojeras oscuras apretándole los ojos que me miraban desde abajo, como hundidos en la tierra.

La abuelita de joven fue muy guapa, luego fue entrañable. Cuando yo era pequeña le gustaba que le rascara la espalda con el muñeco de Son Goku de mi prima. Yo tenía demasiado cortas las uñas de las manos (manos por aquel entonces de tamaño niña normal), y el pelo pincho del Son

Goku era perfecto para aliviar la comezón entre los omóplatos, justo donde la crema no llegaba y la piel seca se le constelaba de lunares de todos los colores.

No me acuerdo de qué hablamos. Fue una de esas conversaciones que se tienen en los sueños con palabras de otro mundo. Las mismas palabras con las que se escriben los poemas y algunas historias, y cuyo lenguaje se inscribe en la memoria dormida del cuerpo. Un diálogo enterrado que nunca termina. Sí recuerdo que ella hablaba muy bajito, y que esperó pacientemente a que le dijera: te quiero, no te vayas, antes de irse para siempre.

Quise pensar que había sido un último regalo de la abuelita. Recrear su lecho, reinterpretar su propia muerte para poder incluirme en la despedida. Son cosas que se hacen en las familias, pensé, igual que lo de pegar con Paint al primo que está de erasmus y no pudo salir en la foto del grupo de WhatsApp.

El único momento en el que me quitaba el anillo era para hacer deporte, cosa que ocurre casi todos los días. Cuando entreno, los dedos se me hinchan y entonces mis manos parecen racimos de morcillas baby. El anillo me aprieta y amenaza con gangrenar el dedo corazón, así que me lo quito (el dedo corazón es un dedo muy importante: sirve para mandar a tomar por culo). A veces dejo el anillo en el mueble del lavabo. Otras, sobre la mesita de noche. La mayoría, en un bolsillo lateral de la bolsa de deporte porque me acuerdo demasiado tarde, cuando ya he entrado en el gimnasio.

Una vez lo olvidé en la mochila. Me fui a dormir y el anillo se quedó en el bolsillo lateral. Esa noche soñé con la abuelita. En realidad fue más bien un cameo. En medio de un sueño cualquiera, la abuelita hacía aparición estelar como un Mufasa abriendo el cielo para limitarse a decir con tono irritado que me pusiera el maldito anillo. Desperté en mitad de la noche. Miré el móvil: tres de la mañana. Me miré la mano: no había anillo, así que salí de la cama con los ojos pegados, fui a por la bolsa de deporte, metí la mano y dibujé círculos con el brazo por el fondo hasta dar con el anillo. Me lo puse y volví a la cama.

No era nada siniestro. No le daba más importancia de la que podría darle a cualquier otro recordatorio cotidiano. Una vez olvidé un plátano en el bolsillo lateral de la bolsa de deporte. Lo saqué semanas después, cuando estaba negro, blandengue y goteando un líquido dulzón y pegajoso. Es normal que la abuelita se preocupara por el paradero de su anillo.

Volvió a ocurrir tiempo después. Una tarde fui a escalar con M. y D. Al terminar, D. me acercó en coche hasta la boca del metro. Bajaba las escaleras con un brazo dentro de la mochila, rebuscando el abono transporte, cuando tropecé y el bolsillo se vació en el suelo: llaves de casa, cartera, auriculares, tabaco, tampones... Recogí todo rápidamente, lo metí de un golpe en la bolsa y seguí bajando las escaleras.

Al llegar a casa me quité el chándal y me di una ducha. Después vacié el contenido de la mochila. El anillo no estaba ahí. Volví a mirar. Miré en el bolsillo lateral de la mochila, en el forro del bolsillo lateral, en el bolsillo grande, dentro de los pies de gato, en el monedero, en la chaqueta. Empecé a llorar. Pensé en rehacer el camino de vuelta, volver a aquella esquina, a la boca del metro. Bajar las escaleras, encender la linterna del móvil y mirar por el suelo. Ponerme de rodillas, arañar las baldosas, cavar un agujero y enterrarme a mí misma. Lloraba, y mientras lloraba trataba de consolarme diciendo que no pasaba nada, solo es un anillo, estas cosas pasan. Aunque no tenga el anillo, inventaré otra historia. La abuelita sigue conmigo aunque no tenga el anillo. La abuelita me querrá sin anillo. Al fin y al cabo, cuando estuvo viva siempre me quiso y entonces yo no llevaba anillo. Pensé en ir a una comisaría de policía. Fingir un robo. Publicar un hilo en Twitter o X o Bluesky y esperar a que hiciera su magia. Imprimir fotos del anillo y pegarlas en las farolas, como un periquito o un gato fugitivo. Empapelar Madrid con: SE BUSCA ANILLO, HABRÁ RECOMPENSA.

Al final no hice nada. Me puse el pijama y, antes de entrar en la cama, le pedí a la abuelita que por favor por favor por favor apareciera el anillo. Que yo sabía que era algo muy difícil y que no tenía sentido. Pero que por favor apareciera. Después me quedé dormida.

Cuando abrí los ojos, el anillo no estaba ahí. Desperté echando de menos no despertar, ignorar la realidad y pensar que nada de eso había ocurrido, que acaso yo nunca tuve un anillo, puede que ni siquiera una abuela. Me levanté de la cama, encendí la vitro y mientras hacía café me vestí para ir al trabajo. Ventilé la habitación y eché la ropa del día anterior a lavar. Cogí el pantalón de chándal, le di la vuelta y escuché algo caer al suelo. Era un sonido metálico, un repiqueteo que me aceleró el pulso al mismo ritmo. Era el anillo rebotando contra el parqué.

Lo tomé como una segunda oportunidad. Empecé a mirar al anillo como la gente que ha visto pasar la muerte ante sus ojos mira a la vida. No sabía si era mágico, si habría sido cosa de la abuelita, pero lo cierto es que yo era libre de creer lo que quisiera. Y decidí creer que sí.

Tanto lo creí que, cuando meses después de aquella discusión con F. por WhatsApp seguía sin poder olvidar, y todos los días pensaba en ella y cargaba el recuerdo como una bolsa de la compra que se te olvida colocar y aprendes a arrastrar contigo, aunque ya no la quieras porque solo huele a podrido, le pedí a la abuelita encontrarme con ella.

No sabía si tenía sentido. Si tenía derecho a molestar a la abuelita en su mundo de gente muerta para una tontería del mundo de la gente viva. Las niñas siempre dicen que hay que pedirle al universo: No te cortes, es gratis y la vida ya es lo bastante jodida. Las niñas últimamente hablan como predicadoras del juicio final. En cualquier caso, se lo pedí.

Estaba bailando en una fiesta de reguetón con la ex de H. Por la pista había muchas caras conocidas, exmatches de Tinder, supongo. A la ex de H. la reconocí por la mamba negra tatuada en un costado. Se acercó a mi oreja y me propuso ir a su casa. Le dije que no podía, al día siguiente tenía que madrugar. Salí de la fiesta y fui al supermercado para hacer la compra. Cuando se abrieron las puertas automáticas, la vi. Los ojos verdes se deslizaban por los pasillos. Era una cara sin cara. Una cara con gestos. Era F. de la única forma en que la memoria sabría reconocer a F. en un sueño: con una certeza desprovista de cualquiera de los cinco sentidos. Con fe.

Corrí a refugiarme en la sección de frutería, como si las mallas de patata fueran un fuerte militar. Empecé a coger mandarinas y a meterlas en una bolsa de papel. Quería encontrarme con ella, pero solo sabía huir. La vi reconocerme a través de la cristalera del súper. Había salido y salí tras ella con la bolsa de mandarinas en la mano. En la puerta había una terraza, la terraza de una residencia de ancianos, una estación de autobuses o algo así, y al fondo unos baños públicos. Fui hacia los baños y, al pasar por delante de ella, dijo: ¿No vas a saludar? Me giré y saludé. Hablamos. De la conversación solo recuerdo un rumor de agua, un grifo abierto por el que se colaban las palabras y yo tratando de sacarlas por el desagüe con manos diminutas. Después las sentí dentro, moviéndose. Recuerdo que hubo un abrazo. Uno de despedida. Nos abrazamos y luego la llevé a la casa de campo de mi infancia, donde la abuelita nos esperaba sentada en una silla blanca de plástico, justo delante de las jardineras donde hace años hubo plantas de lantana naranjas y rojas, y crecían fresas silvestres. Hoy solo hay tierra endurecida por el sol.

Cuando desperté lloré mucho. Lloré por todas las veces que había llorado y por todas las personas que se habían ido. Quise creer que había sido otro regalo, que la abuelita fue artífice de aquello, trayendo a F. al único lugar en el que podía ayudarme a encontrarla, a ese otro mundo, porque ninguna de las dos formaba ya parte del mío. Que a partir de ahora quizá sería un poco más fácil, y que daba igual que nada de eso fuera verdad. En realidad lo único que importa es aprender a contarse una historia.

Agradecimientos

Gracias a mi editora, Cristina Lomba, por creer en mí antes incluso de saber mi nombre. A mi padre y a mi madre, y a Paco, Jose y las niñas, por su amor incondicional. A Paloma, por aparecer como un milagro, y a Alberto, por darme una ventana a la que asomarme. A todas y cada una de las iniciales que me acompañan en este libro y más allá del final. Y a la abuelita Catalina, que no llegó a saber que tenía un sueño, y era este.

Índice